부동산 부자가 되는
대출의 비밀

대출 경력 10년 은행원이 알려주는

부동산 부자가 되는
대출의 비밀

이훈규 지음

매일경제신문사

대출을 공부해야 하는 이유

우리가 사는 현대 사회는 자본주의 사회입니다. 자본주의 사회에서는 대출을 이용하는 사람과 이용하지 못하는 사람의 격차가 점점 벌어질 수밖에 없는데요.

지금은 맛있는 음식이 많아졌지만 제가 어렸을 적만 해도 짜장면이 최고의 음식이었습니다. 생일날 어머니께서 시켜주시던 짜장면 한 그릇이면 참 행복했던 기억이 나는데요. 그 당시 짜장면 가격이 한 그릇에 2,000원 정도였고, 지금은 한 그릇에 8,000원 정도 하니 무려 4배나 가격이 올랐습니다. 그럼 가격이 올라간 만큼 특별한 변화가 있었을까요?

가격이 4배나 올랐다면 양이 많아졌다거나, 질이 높아져야 맞을 것입니다. 하지만 여러분도 아시다시피 과거와 비교해서 짜장면의 양도, 질도 모두 그대로입니다. 단지 가격만 올라간 것이죠. 그럼 왜 이런 일이 생긴 것일까요?

짜장면 가격 추이

출처 : 인천짜장면박물관

　그 이유는 인플레이션 때문인데요. 인플레이션이란, 화폐가치가 하락해 물가가 상승하는 현상을 일컫는 용어입니다. 화폐가치가 하락하는 이유는 통화량이 증가하기 때문인데요. 다음의 대한민국 M2 통화량 추이 그래프를 보면, 1990년부터 통화량이 계속 증가하는 것을 알 수 있습니다. 통화량이 증가한다는 것은 쉽게 말해서 시중에 돈이 점점 많아진다는 뜻인데요. 우리는 항상 돈이 부족해서 걱정인데, 시중에 돈의 양이 점점 많아진다니 체감은 잘 되지 않네요.

대한민국 M2 통화량 추이

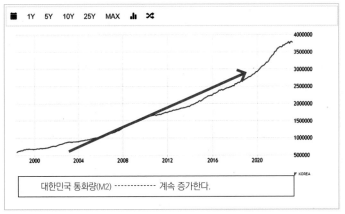

출처 : 한국은행

돈의 양이 많아진다는 것은 그렇다 쳐도, 물가는 왜 올라가는 것일까요? 단순하게 설명해보겠습니다. 만약 세상에 다른 물건은 없고 바나나만 있다고 가정해보겠습니다. 세상에 존재하는 바나나의 개수가 총 100개이고, 세상에 존재하는 돈이 10,000원이라면 바나나 1개의 가격은 얼마일까요? 100개가 10,000원이니 1개는 100원이 되겠죠.

만약 바나나의 개수는 변함이 없는데, 총통화량이 2배가 되어 20,000원이 된다면 바나나 1개의 가격은 200원이 될 것입니다. 돈의 양이 많아지니 물건의 가격이 올라갔는데요. 이게 바로 인플레이션이죠. 우리가 여기서 주목해야 할 점은 과거에는 100원에 바나나 1개를 살 수 있었지만, 나중에는 200원이 있어야 바나나 1개를 살 수 있게 된 것입니다. 내가 무슨 행동을 하지 않았음에도 내 화폐의 가치는 하락한 것이죠. 실제 현실에서는 물건들도 다양하고, 물건의 개수도 변하기 때문에 이렇게 단순하지는 않습니다. 하지만 기본 원리는 똑같습니다.

은마아파트 시세

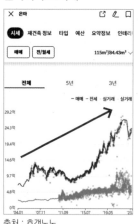

출처 : 호갱노노

다음은 서울 강남 재건축의 상징으로 불리는 대치동 은마아파트의 시세를 그래프로 나타낸 것입니다. 통화량의 변화량 그래프처럼 시간이 지남에 따라 가격이 우상향하는데요. 다만, 통화량과는 다르게 가격이 내려가는 구간도 있습니다. 중단기적으로는 가격이 올라가기도하고 내려가기도 하지만, 장기적으로 봤을 때는 가격이 올라가는 모습인데요. 이것은 부동산 자산의 특징이기도 합니다. 부동산 가격에 영향을 미치는 요소가 통화량 외에 여러 요소(수요, 공급, 심리 등)가 있기 때문에 가격이 내려갈 때도 있는 것이죠.

다시 은마아파트 시세를 보겠습니다. 2009년에는 10억 원이면 은마아파트 35평을 구입할 수 있었습니다. 현재는 최근 부동산 시세가 조금 떨어졌음에도 동일평수가 24억 원 정도인데요. 15년 만에 가격이 2배가 넘게 오른 거죠. 사실 10억 원도 적은 돈은 아닙니다. 지금도 큰돈인데 과거에는 더 큰돈이었죠. 그래서 대출이 필요한 것이고요. 만약, 2009년에 대출을 받아서 은마아파트를 구입했다면, 대출을 50%까지 받는다고 가정했을 때(실제로는 더 나왔겠지만, 현재와 비교하기 쉽게 50%로 계산했습니다), 내 돈 5억 원만 있어도 가능했을 것입니다.

하지만 2023년 현재 은마아파트를 구입하기 위해서는 대출을 50%만큼 받는다고 하더라도 내 돈 12억 원이 필요한데요. 실제로는 12억 원이 있어도 12억 원 다 대출이 나올지도 장담

할 수 없습니다. 예전에는 없던 DSR 규제가 전면 시행되었기 때문이죠.

결국 과거에는 5억 원만 있으면 대출 5억 원을 받아서 은마아파트의 주인이 될 수 있었고, 지금까지 보유하고 있었다면 15억원 넘는 시세 차익을 볼 수 있었을 것입니다. 어떤가요? 놀랍지 않으신가요? 이처럼 대출을 활용하면 내가 가지고 있는 현금 자산에 비해서 훨씬 높은 가치의 부동산을 구입할 수 있는 것이죠.

벌써 늦은 것 아니냐고요? 그것은 과거 일 아니냐고요? 아닙니다. 자본주의의 원리는 과거와 현재, 그리고 미래에도 적용되는 불변의 원리입니다. 또한, 앞에서 보신 것처럼 부동산은 장기적으로 우상향하지만 중단기적으로는 가격이 내려갔다가, 올라갔다가를 반복합니다. 내가 감당할 수 있는 아파트를 매수하고, 대출을 받아서 샀다가 오랫동안 보유하면 이익을 볼 수 있는 것이죠. 지금이야 은마아파트가 24억 원이지만 10년 후, 30년 후에는 50억 원, 100억 원이 되어 있을 줄 누가 알겠어요? 그때가 되면 지금의 24억 원이라는 가격 또한 저렴해 보일 것입니다.

이처럼 자본주의 사회에서 빠르게 부를 증식하기 위해서 대출은 선택이 아닌 필수입니다. 자본주의 게임에서 대출이라는 치트 키를 사용하는 것과 사용하지 못하는 것은 천지 차이인 것이죠. 지금까지 대출을 몰랐다고 하더라도 상관없습니다. 이제부터 제가 대출에 대해 샅샅이 파헤쳐 드릴 테니까요!

이훈규

차 례

대출 기초부터
탄탄하게, 마인드세팅

01
좋은 대출과
나쁜 대출이 있나요?

앞에서 저는 자본주의 사회에서 대출은 필수라고 말씀드렸습니다. 대출을 잘 활용할 줄 알아야 자본주의 사회에서 빠르게 부자가 될 수 있다고요. 그런데 경우에 따라서는 대출이 우리의 삶을 망칠 수도 있습니다. 그래서 예전에 어른들이 "대출받으면 망한다"라고 말씀하셨던 것인데요.

이번 장에서는 어떤 대출이 좋은 대출이고, 어떤 대출이 나쁜 대출인지 한번 설명해드리려고 합니다. 우리가 대출을 받아야 하는 이유는 부자가 되기 위해서이지, 삶을 망치기 위해서가 아니니까요.

먼저 '나쁜 대출'부터 말씀드리겠습니다. 저는 소비를 위해서 받는 대출은 나쁜 대출이라고 생각합니다. 특히, 사치재인 명품 또는 외제차를 구입하기 위해 받는 대출은 더 질이 좋지 않은데요. 부아c 작가님의 《부의 통찰》에서는 현대 사회가 인스타그램, 페이스북 등

SNS가 발달하면서 부러움을 만들어내는 사회가 되었다고 말합니다. 인플루언서들이 타고 다니는 비싼 외제차, 입고 있는 비싼 명품 옷 등을 보면서 마치 나도 저것들을 가지면 행복해질 것이라는 착각을 하게 되는 것이죠. 그렇다고 사치재의 소비가 무조건 나쁘다는 것은 아닙니다. 제가 나쁘다고 하는 것은 본인의 여건이 충분하지 않은데도 빚을 내서 이런 사치재를 구입하는 것입니다.

습관이라는 것은 한번 생기면 바꾸기가 참 어렵습니다. 특히, 소비 습관을 바꾸기는 정말 어렵습니다. 대출이 필요해서 창구에 찾아온 손님과 상담을 하다 보면 기존에 명품을 구입하기 위해 카드론을 받거나, 외제차를 타기 위해 리스대출을 받은 분들이 종종 있습니다. 이분들이 추가로 대출이 필요한 이유는 지금의 소비생활을 유지하기 위해서인데요. 본인의 소득보다 월등히 높은 소비 습관을 가지고 있다 보니, 대출을 받아서 그 소비를 감당해야 하는 것이죠.

결국 이렇게 소비를 위한 대출을 받다 보면 대출이 점점 불어나게 됩니다. 빚이 빚을 낳는 것이죠. 대출이 불어나면 일상에도 지장이 가기 시작합니다. 한 달 꼬박 일해서 월급을 받아도 빚 갚는 데 다 사용하다 보니 삶이 힘들어지는 것입니다. 이렇게라도 감당할 수 있으면 다행입니다. 나중에는 늘어난 빚을 감당하지 못하고 제도권 금융이 아닌, 개인 사채에도 손을 뻗기도 하는데요. 아마 여러분께서는 '사채 같은 것은 나랑 상관없는 일이야'라고 생각하실지도 모르겠습니다. 하지만 그분들도 처음에는 작은 빚부터 시작했습니다. 처음부터 사채를 받아야겠다고 생각했던 사람은 없는 것이죠.

그럼 좋은 대출은 어떤 대출일까요? 나쁜 대출이 소비를 위해 받는 대출이었다면, '좋은 대출'은 그 반대인 생산을 위해 받는 대출입니다. 생산을 위한 수단으로는 부동산, 사업, 지적재산권 등이 있는데요. 이 중에 가장 쉽게 접근할 수 있는 것이 부동산입니다. 우리의 보금자리인 집이 대표적인 부동산이죠.

예전부터 재테크의 수단으로 주식이냐, 부동산이냐 하는 갑론을박이 있었습니다. 사실 주식과 부동산은 각각의 특징이 있어서 개인의 선택에 맡겨야 한다고 생각합니다. 하지만 주식과 부동산은 한 가지 큰 차이점이 있는데요. 주식은 개인의 선택에 따라 할 수도 있고, 안 할 수도 있습니다. 주식 시장에 꼭 참여할 필요는 없는 것이죠. 반면 부동산은 우리에게 필수입니다. 부동산은 우리 삶의 필수재인 의식주 중 하나이기 때문인데요. 즉, 우리는 자가, 전세, 월세, 셋 중 하나로 반드시 부동산 시장에 참여해야 하는 것입니다.

앞에서도 말씀드렸지만, 인플레이션에서 내 자산을 지키기 위해서는 현금을 가지고 있는 것보다 부동산을 가지고 있는 것이 유리합니다. 우리가 대출을 받아서 부동산을 구입해야 하는 이유죠.

그럼 부동산을 구입하기 위해 받은 대출은 모두 좋은 대출일까요? 아쉽게도 그렇지는 않습니다. 앞에서 은마아파트 시세 그래프를 봤지만, 부동산의 시세는 장기간 보면 우상향하지만, 단기적으로는 오르락내리락합니다. 어떤 사람은 본인이 산 가격보다 더 저렴한 가격으로 팔아서 손해를 볼 수도 있다는 것이죠.

혹시 '어떤 사람이 손해를 보고 부동산을 팔아요?'라고 생각하셨나요? 당연히 일부러 손해를 보고 부동산을 파는 사람은 없습니다. 사정상 어쩔 수 없어서 파는 것이죠. 예를 들어, 내가 감당하지 못할 만큼의 많은 대출을 받아서 부동산을 구입했다면 어떨까요? 금리가 저렴하고, 시세도 올라준다면 버틸 수 있습니다. 하지만 지금처럼 금리가 올라가고, 시세도 지지부진하다면 버티지 못할 것입니다. 그래서 소위 영끌 투자(영혼까지 끌어모아 무리한 대출을 받아서 투자하는 것)를 자제해야 한다는 말이 나온 것입니다. 우리는 상황에 따라 좋은 대출과 나쁜 대출이 있음을 구별하고, 나에게 맞는 대출을 잘 활용할 수 있어야겠습니다.

02
대출상담사를 통하면
금리가 높다?

인터넷뱅킹이 발달하면서 은행을 찾아갈 일이 많이 줄었습니다. 그래서인지 은행 지점의 개수는 계속해서 줄어들고 있습니다. 수도권 외곽이나 지방 소도시의 경우에는 은행 찾기가 더 힘든데요. 실제로 지점에 업무를 보기 위해 찾아오시는 고객님들은 대부분 연세가 드신 노인분들이 많습니다. 인터넷뱅킹에 서툰 고객님들이죠. 하지만 그럼에도 지점에 방문해야만 가능한 업무가 있는데요. 바로 대출입니다. 최근에 카카오뱅크, 케이뱅크등 인터넷은행이 생기면서 대출도 비대면으로 바뀌는 추세이긴 하지만, 아직도 대부분의 대출업무는 지점을 방문해야 가능한데요. 지점 방문을 안 하고 대출을 알아볼 수 있는 방법은 없을까요?

인터넷으로 먼저 대출을 알아보겠습니다. 네이버에 '대출'이라고 검색하니 대출상담사라는 사람들이 상단에 뜨는데요. 이분들께 상담받아도 괜찮을까요? 엄밀히 말하면 대출상담사들은 은행 직원이 아닙니다. 대출상담사는 대출을 필요로 하는 고객과 은행을 연결해주는 역할을 하는 사람입니다. 대출상담사에게 상담을 받아도 대출은 은행에서 해주는 것이죠.

많은 분들이 대출상담사를 통하면 금리가 올라간다고 생각합니다. 우리가 사과 하나를 사더라도 농장에서 직접 구매하는 것보다 마트에서 사는 가격이 비쌉니다. 그 이유는 중간에 도매, 소매업자들의 마진이 붙기 때문인데요. 이와 마찬가지로 대출도 중간에 대출상담사의 마진이 붙으면 그만큼 대출이자가 높아질 거라고 생각하시는 거죠. 하지만 실제로는 그렇지 않습니다. 지금부터 그 이유를 설명하겠습니다.

인터넷에서 '은행 직원의 인건비가 높다'라는 기사를 본 적 있으시죠? 은행원 평균 연봉이 1억 원을 넘었다고 하는데요. 인건비가 높다 보니 은행은 직원들을 고용하기가 부담스럽습니다. 은행원 희망퇴직자들이 몇 년 치 연봉을 받고 퇴직한다는 기사를 보셨을 것입니다. 우리나라의 경직된 고용체계에서는 한번 고용하면 끝까지 책임을 져야 하는데요. 결국, 은행은 은행원을 더 고용하는 대신에 대출상담사에게 수수료를 주는 것이 더 이득입니다. 대출상담사한테 수수료를 주더라도 직원 인건비보다 적으니까요.

또한, 대출상담사를 통해 대출을 받으면 자동으로 여러 은행, 여러 지점을 비교할 수 있습니다. 대출상담사는 여러 은행, 여러 지점의 대출상품을 알고 있습니다. 그중에서 가장 좋은 조건의 대출상품을 여러분에게 소개하죠. 지점이 다르더라도 동일한 은행이면 대출조건도 동일해야 하는 거 아니냐고요?

은행이 동일하다면 취급하는 상품이 동일한 것은 맞습니다. 예를 들어, 우리가 국민은행 어디 지점에서 대출을 받든 그 대출상품은 동일할 것입니다. 하지만 지점별로 대출 조건은 다를 수 있는데요. 지점장 우대 금리 또는 감산 금리 때문이죠. 은행은 지점별 실적으로 점수를 매깁니다. 그 점수에 직원들 승진 여부도 결정되기 때문에 실적을 채우는 것이 중요한데요. 대출실적이 부족하다면 우대 금리를 많이 줘서라도 대출실적을 채워야 합니다. 실적을 못 채우면 인사상 불이익을 받을 수도 있습니다.

대출상담사는 어느 은행의 지점이 우대금리를 많이 주는지, 어느 은행의 지점이 대출을 많이 해주는지 조사해서 가장 좋은 상품을 고객에게 소개합니다. 이들은 고객이 본인을 통해서 대출을 받아야만 돈을 벌기 때문에 적극적일 수밖에 없습니다.

정리하자면 대출상담사를 통해서 대출을 받으면 좋은 조건으로 대출을 받을 수 있는 확률이 올라갑니다. 그렇다고 한 명의 대출상담사의 말만 듣고 대출을 진행하는 것은 추천해드리지 않습니다. 여러 명의 대출상담사에게 상담을 받아보고, 그중 가장 좋은 조건으로 대출을 진행하는 것이 좋겠습니다.

여러분은 은행에 대출상담을 받으러 방문하신 적 있으시죠? 저도 대출을 받기 위해 은행에 방문한 적이 있습니다. 저는 아파트 분양권 대출을 승계하기 위함이었는데요. 이때 저와 배우자 중에 누구를 채무자로 해야 할지 결정해야 했죠. 고민 끝에 제 배우자가 채무자 겸 담보 제공자로, 저는 담보 제공자로 중도금대출을 승계받기로 결정했는데요.

    은행에 방문해서 대출서류를 작성하는데 은행원분께서는 대출서류에 대한 설명 없이 그냥 사인하라고 하셨고, 제가 궁금한 것을 여쭤봐도 건성건성 대답해주셨습니다. 사실 같은 업에 종사하면서 그런 분들을 보면 조금 화가 나기도 합니다.

    은행업은 금융서비스업입니다. 엄청난 친절을 바라는 것은 아니지만, 중요한 사항은 설명을 해줘야 합니다. 은행원은 금융소비자에게 대출계약에 대해 설명해줘야 할 의무가 있기 때문이죠.

묵묵히 대출서류에 사인을 하고 있는데 연대보증 서류가 있는 거예요. 저는 은행원분께 이 서류를 왜 작성해야 하냐고 여쭤봤고, 이게 신용정보에 등재되는 것이냐고 물었습니다. 은행원분께서는 형식상 받는 서류라고 했고, 신용정보에도 등재되지 않는다고 했습니다. 저는 이때 신용대출이 있었고, 중도금대출금액이 신용정보상에 나타나면 대출만기 연장에 문제가 생긴다는 것을 알고 있었습니다. 그래서 배우자 앞으로 대출을 받은 것이기도 하고요.

결국, 저는 은행원분의 말을 믿었는데, 중도금대출이 실행되고 저의 신용정보에는 연대보증정보가 등재되었습니다. 은행에 전화해서 어떻게 된 일이냐고 물었더니, 저를 상담해주신 은행원분께서는 말을 얼버무렸습니다. 어쨌든 간에 제가 연대보증 서류에 사인했기 때문에 문제를 크게 만들어도 저에게 유리한 것은 없었습니다. 또한, 그렇게 한다고 해서 문제가 해결되는 것도 아니었죠. 결국 저는 신용대출만기 연장이 되지 않아서 어려움을 겪었습니다. 지금도 그때 생각을 하면 아찔하죠.

이런 사례는 저뿐만이 아닙니다. 은행에서는 사소하고 작은 실수부터 제가 겪었던 큰 실수까지 많은 실수가 발생합니다. 사람들은 은행원이 철두철미하고, 꼼꼼할 것이라고 생각합니다. 대체로 맞는 말이지만, 은행원도 사람인지라 가끔씩 실수를 합니다.

저 또한 회사에 입사하기 전에는 꼼꼼하지 못한 성격이었습니다. 막상 은행에 들어와서 일해보니, 그런 성격으로는 하루도 버틸 수 없겠더라고요. 은행원은 영업 시간이 끝나면 가장 먼저 현금 시재(時在)를 맞춥니다. 본인이 가지고 있는 실제 현금과 전산상의 현금이 맞는지 확인하는 것이죠. 시재는 10원 단위까지 정확하게 맞춰야 합니다. 10원이라도 맞지 않으면 왜 맞지 않는지 계속 찾아야 합니다. 저도 신입 시절에 시재 5만 원이 맞지 않아서 2시간 넘게 찾았던 기억이 있습니다. 결국 선배의 도움으로 5만 원을 더 드렸다는 사실을 알게 되었죠.

또한, 은행원은 정말 많은 상품을 다룹니다. 대출, 예금, 펀드, 보험 등 정말 많은 상품이 있습니다. 대출만 해도 주택담보대출, 전세자금대출, 정책자금대출 등 수십 가지의 상품이 있습니다. 이렇게 종류별로 다 합치면 총 100개가 넘는데요. 은행원이 이 많은 상품을 모두 정확하게 숙지한다는 것은 애당초 불가능한 일입니다. 은행원도 해당 상품을 취급할 때, 업무방법서를 참고해 업무를 진행해야 실수하지 않을 수 있는 것이죠.

결론적으로 제가 여러분께 당부드리고 싶은 점은 은행원이 실수할 수도 있고, 모든 상품을 정확히 숙지하고 있지 못할 수도 있기 때문에 우리가 정확하게 한 번 더 체크하자는 것입니다. 여러분께서는 저같이 은행원 말만 믿었다가 피해를 보시면 안 되니까요. 대출계약에 있어서 가장 기본은 여러분이 작성하는 대출서류입니다. 은행원이 여러분에게 말을 해준 것이 효력이 있는 것이 아니라, 여러분이 서류에 작성한 것이 효력이 있는 것입니다.

정리하자면, 대출서류를 작성할 때 그냥 기계적으로 자필 서명하지 마시고요. 모르는 것은 정확하게 물어보고, 이해한 후 자필 서명하셔야 합니다. 은행원이 잘 설명을 안 해주거나, 대기하는 사람이 많아서 물어보는 것이 눈치 보일 수도 있습니다. 그럴 때는 여러분께서 작성한 서류의 사본을 요청하시는 방법도 있습니다.

04

연체하면
바로 경매에 넘어간다?

여러분, 경매라는 단어를 들으면 기분이 어떠신가요? 아마 대부분의 사람들이 경매라고 하면 부정적인 생각이 들 거예요. 영화나 드라마에서 보면, 주인공이 사업이 망해서 집 안의 집기 비품에 빨간딱지가 붙고, 집이 경매로 넘어가서 결국 쫓겨납니다. 단칸방으로 이사해서 힘들게 사는 모습을 보면서 대출은 정말 나쁜 것, 위험한 것이라는 인식이 심어지는데요. 그래서인지 옛 어른들 중에는 아직도 대출에 대한 부정적인 생각을 가지신 분들이 많습니다.

제가 처음 집을 구입하기 위해 대출을 받을 때도 부모님께서는 그렇게 많은 대출을 받아서 어떻게 갚으려 하냐고 말씀하셨는데요. 살아생전 대출을 한 번도 받아보지 않으셨던 부모님은 대출을 받으면 큰일 난다고 생각하셨던 것이죠. 그래서 저희 부모님께서는 지금도 30년이 넘게 이사하지 않고, 한집에서만 계속 살고 계십니다. 남들이 대출을 받아서 좋은 집으로 이사갈 때, 부모님께서는 빚지는 게

두려워서 한곳에서 계속 계신 것이죠.

제가 만약 은행에서 근무하지 않았다면 저도 부모님과 똑같은 생각을 하고 있을 것입니다. 대출을 받아서 집 살 생각은 하지 못했겠죠.

저는 은행에 근무하면서 부자들이 대출을 활용해서 부를 증식하는 것을 봤습니다. 부자들의 사례를 보면서, 대출을 현명하고, 안전하게 사용하는 방법을 배웠습니다.

저는 지금은 대출팀장으로 근무하고 있지만, 채권관리팀장으로도 몇 년간 근무했습니다. 대출부서에서 대출을 취급하는 일을 한다면, 채권관리부서에서는 대출을 관리하는 일을 하는데요. 채권관리부서에서는 대출이자가 잘 납부되는지 확인하고, 대출만기가 되면 연장처리를 하고, 만약 연체되면 법적조치, 경매를 넣어서 대출금을 강제 회수하는 역할을 합니다. 일반 회사와 비교하면 대출부서가 영업팀, 채권관리부서가 영업지원팀이죠.

일반은행원이 채권관리부서까지 경험하는 경우는 드뭅니다. 1금융권 은행에서는 보통 연체가 장기화되면 그 채권을 부실채권회사에 매각하기 때문인데요. 분명 은행에서 대출을 받았는데, 나중에 모르는 대부회사에서 연락이 옵니다. 대부회사는 은행에서 채권을 팔았다며, 우리에게 대출을 갚아야 한다고 말하는데요. 물론, 사전에 은행은 여러분께 대출채권을 매각한다고 통지합니다. 그래도 대부 회사라니 기분이 썩 좋지 않은데요. 은행은 합법적인 대부회사 또는 은행 계열사 대부회사에 채권을 매각합니다. 여러분이 생각하는 그런 대부회사는 아니니 걱정하지 않으셔도 됩니다.

저는 은행보다 규모가 작은 상호금융회사에 근무하면서 이런 채권관리일까지 경험할 수 있었습니다. 사실 경매를 넣고, 법적조치를 하는 일이 유쾌한 일은 아닙니다. 채권관리일을 할 때는 정신적으로 매우 힘들었던 것 같아요. 제가 하는 일이 연체자에게 전화해서 돈 갚으라고 하고, 연체자의 재산에 가압류를 넣거나, 경매를 신청하는 것이었으니까요.

저는 타인을 돕는 것에 성취를 느끼는 사람인데, 힘든 상황에 마주한 사람들을 더 힘들게 한다는 생각에 굉장히 힘들었습니다. 하지만 이때의 경험이 저를 많이 성숙하게 만들었어요. 그리고 대출의 양면성에 대해 많이 배웠죠.

그렇다고 부모님이 말씀하신 것처럼 대출은 무서운 것, 나쁜 것이라고 느꼈을까요? 그렇지는 않습니다. 단지 대출을 잘 사용하면 약이 되지만, 잘못 사용하면 독이 된다는 것을 배웠습니다. 대출을 못 갚아서 연체하시는 분들은 공통된 특징이 있었습니다. 본인의 소득보다 무리한 대출을 받았던 것인데요.《월급쟁이 부자로 은퇴하라》의 너나위 작가는 부동산 호황기에도 영끌 투자만은 하지 말라고 당부하기도 했습니다.

그럼 어떤 상황에서 은행은 경매 같은 법적조치에 들어갈까요? 지피지기백전불태(知彼知己百戰不殆)라고, 미리 알아두면 좋겠습니다. 대표적으로 원금 및 이자를 연체했을 때입니다. 매월 이자 납부 기일에 이자를 납부하지 못하거나, 대출만기일에 원금 상환을 하지 못하는 경우입니다. 기한의 이익이란, 대출을 이용할 수 있는 기한의 이익이라고 생각하시면 이해하기가 편하실 거예요.

아직 대출 기한이 남았음에도 기한의 이익을 상실하면 즉시 상환해야 하는 것입니다. 예를 들어, 정해진 대출기간이 3년입니다. 그러나 대출이자를 납부하지 못해서 기한이익상실이 되면, 그 즉시 대출금을 상환해야 합니다.

은행은 문자 또는 우편으로 기한의 이익이 상실된다는 내용을 여러분에게 알려줘야 합니다. 만약 기한의 이익이 상실된다는 연락을 받게 되면 꼭 그 사유를 확인하고, 기한의 이익이 상실되지 않게 관리해야 합니다.

그럼 기한의 이익이 상실되면 어떤 일이 생길까요? 내 집이 경매에 넘어가는 것일까요? 보통 기한의 이익이 상실되더라도 은행은 채무자에게 얼마간의 시간을 줍니다. 독촉장, 최고장 등 여러 차례 통지서를 보내고 나서 실제 경매 같은 법적조치에 들어가는 것이죠. 대략 기한이익상실 후에 1~2달 정도의 시간을 주는 것 같습니다. 물론, 상황에 따라 다르겠지만요. 연체하지 않는 것이 가장 좋지만, 만약 연체하더라도 법적조치까지 가지 않도록 조기에 처리하는 것이 좋겠습니다.

Part 1 대출 기초부터 탄탄하게,
마인드셋팅

Part 2 주택담보대출

Part 3 주택담보대출(실전)

Part 4 주택담보대출(사업자)

Part 5 담보신탁대출

05
대출은
비교해볼 필요가 없다?

저는 물건을 살 때 보통 네이버에 검색하고, 그중 리뷰가 가장 많은 제품을 선택하곤 합니다. 또는 가장 최저가를 검색해서 그 상품을 구입하는데요. 여러분은 물건을 구매하실 때 어떻게 하시나요? 대부분은 저와 비슷할 것 같은데요. 옛날 같으면 일일이 돌아다니며 어디가 더 싼지, 어떤 상품이 좋은지 발품을 들여야 했습니다. 지금은 클릭 한 번으로 비교가 되니 정말 편리한 세상이네요.

그런데 정작 수억 원의 대출을 받을 때는 비교하지 않습니다. 물건은 잘못하면 환불을 하거나, 다시 사면 그만이지만, 대출은 한번 받으면 최소 몇 년간 사용해야 하고, 환불도 안 되는데요. 그래서 우리는 대출을 받을 때 비교하고 신중하게 선택해야 합니다. 하지만 우리는 왜 은행에 대출을 받으러 가면 주눅이 들까요? 마치 회사에 이력서를 쓰고 난 후 합격인지, 불합격인지 결과를 기다리는 마음입니다.

사실 은행의 수익은 예금이 아니라 대출에서 나옵니다. 예금은 예금이자가 나가는 것이기 때문에 비용으로 볼 수 있습니다. 반면에 대출은 대출이자를 받으니까 수익이라고 볼 수 있죠. 하지만 은행에서는 예금고객에게 훨씬 우호적입니다. 고액 예금자에게는 명절마다 선물도 주고, 식사도 대접하는 등 극진한 대접을 합니다. 반면에 대출고객에게는 이런 혜택이 거의 없죠. 그만큼 돈 빌리는 것이 예나 지금이나 쉽지 않기 때문일까요?

그럼에도 불구하고 우리는 더 좋은 조건으로 대출을 받기 위해 꼭 비교해봐야 한다고 생각합니다.

저는 결혼할 때 경기도 광명에 있는 구축아파트 전세로 시작했습니다. 제가 2015년에 결혼을 했으니 벌써 9년이 되었네요. 저희는 모아놓은 것이 많지 않아서 그 당시 전세 1억 8,500만 원에 전세자금대출 1억 4,800만 원을 받았는데요. 전세금의 80%만큼을 꼭 채워서 대출로 받은 것이죠. 전세계약서를 가지고 회사 근처의 K은행에 찾아갔습니다. 그날은 점심도 못 먹고 점심시간을 활용했습니다.

30분가량 기다렸을까요? 제 차례가 와서 은행원과 대출상담을 하는데, 대출이자율이 4% 후반대라는 거예요. 저는 금리가 너무 높아서 우대금리를 적용해줄 수 있냐고 물었더니 급여이체, 신용카드 같은 것을 하더라도 4% 중반 정도라고 했습니다. 신혼 초에 그 정도 이자금액은 너무 부담되어서 실망을 한 채 은행에서 나왔는데요. 어디에 말도 못 하고 끙끙 앓다가 부동산 중개사무소 사장님께 연락을 드렸습니다. 금리가 너무 높아서 부담된다고요. 그랬더니 사장님께서 본인이 거래하는 대출모집인을 소개해준다고 하셨죠.

밑져야 본전이라는 생각으로 연락을 했는데요. 며칠 후 은행 직원 분께서 대출이자율 3% 중반으로 승인이 났다고 하셨습니다. 제가 얼마 전 대출상담을 받은 곳도 K은행이었기 때문에, 이렇게 차이가 많이 나는 게 의아했습니다. 은행에 방문해서 대출서류를 작성하면서 여쭤봤더니 지점장 우대금리가 많이 적용되었다고 말씀하셨습니다. 결론적으로 저는 1%의 이율을 아낄 수 있었습니다.

제 이야기를 들으시고 여러분께서는 궁금증이 드실 거예요. 왜 같은 은행인데 지점마다 대출이자율이 다르게 적용될까요? 그것은 바로 은행 지점마다 실적이 따로 존재하기 때문인데요. 은행 지점마다 할당된 실적이 있습니다. 예금, 대출, 펀드, 방카 등등 여러 개의 실적을 맞춰야만 좋은 평가를 받을 수 있습니다. 그중에서도 어떤 지점은 대출실적을 꽉 채운 곳이 있을 것이고, 어떤 지점은 대출실적이 모자란 곳이 있을 것입니다. 실적이 모자란 곳은 지점장 전결로 우대금리를 적용해서 대출영업을 하기도 하는데요. 실적을 못 채우면 안 되기 때문에 과감하게 지점장 우대금리를 줘서 대출을 유치하는 것이죠.

상호금융회사도 지점마다 대출조건이 다르기는 마찬가지입니다.

농협, 신협, 새마을금고 같은 상호금융회사는 지역별로 각각 독립 법인입니다. 지역별로 다른 회사라는 것이죠. 보통 "○○신협과 ××신협 둘 다 똑같은 신협 아닌가요?"라고 말씀하십니다. 쉽게 치킨으로 예를 들어보겠습니다. 교촌치킨 A지점과 교촌치킨 B지점은 주인이 다릅니다. '교촌치킨'이라는 동일한 브랜드를 쓰고 있지만, 각 지점의 주인은 다른 것이죠. 상호금융회사도 이와 마찬가지입니다. A농협과 B농협은 농협이라는 상호는 같지만, 대표이사도 다르고, 직원도 각각 채용합니다.

상호금융회사는 지역별로 다른 회사이기 때문에, 직원들이 지역을 옮기지도 않습니다. 한 지역에서 계속 근무하는 것이죠. 예전에 많이 들었던 질문이 왜 은행처럼 다른 지역으로 옮기지 않냐는 것이었습니다. 수십 번은 더 설명했던 것 같습니다.

여러분에게 유용한 정보 하나 알려드릴게요. 앞에서 상호금융회사가 지역마다 다른 회사라고 했잖아요. 그래서 예금자보호도 회사마다 각각 적용받을 수도 있습니다. 예를 들어, A새마을금고와 B새마을금고에 각각 5,000만 원씩 예금을 해놓으면 각각 예금자보호를 받을 수 있는 것이죠. 일반은행은 지점이 다르다고 하더라도 예금자보호를 각각 적용받지 못하니까 이 점은 유의하시고요.

다시 대출로 돌아와서, 그럼 우리는 어떻게 대출을 비교하고 나에게 맞는 대출을 찾을 수 있을까요?

우선 은행연합회 소비자 포털(https://portal.kfb.or.kr)에서 은행별 금리가 공시됩니다. 다만, 은행별 금리는 알 수 있지만 지점별 금리는 알 수 없는데요. 우리는 지점별로 우대금리를 주는지가 중요하잖아요.

제 경험상 부동산 거래를 한다면 부동산 중개사무소 사장님을 통해 대출을 소개받는 것이 좋습니다. 또한, 재테크 커뮤니티(카페, 오픈 채팅방)에서 정보를 얻는 것도 좋은 방법이겠네요.

주택담보대출

06
주택의 정의,
주택이란 무엇인가요?

　본격적으로 주택담보대출에 대해서 알아보기 전에 주택의 정의에 대해서 먼저 알아보도록 하겠습니다. 현대 사회에서는 아파트 같은 집합건물 형태의 주거생활을 선호합니다. 저도 태어나서부터 지금까지 아파트에만 살았는데요. 처음 결혼생활을 시작할 때 아파트보다 저렴한 가격의 빌라도 있었지만, 여러 가지 이유로 꺼려지더라고요. 보안, 편의성, 주차 등의 문제였던 것 같습니다. 본가와 멀지 않은 곳의 30년 된 구축아파트였지만 만족스러웠습니다. 그러다가 새 집을 사서 신축아파트에 살아 보니 정말 신세계더라고요. 단지 내 운동시설, 지하 주차장, 차 없는 지상 공간 등 이제 한 살배기 아이 아빠 입장에서도 정말 만족스러웠습니다.

　운이 좋게도 집을 사고 가격이 올라가면서 재테크에도 눈을 뜨게 되었습니다. 하루가 지나면 가격이 올라가니 집을 사길 잘했다는 생각이 들었죠. 당시에 아파트 가격이 계속 올라가니 정부에서는 공급

43

을 늘리기 위해 많은 대책을 세웠는데요. 3기 신도시를 지정하고, 용적률 인센티브를 주기도 했습니다.

하지만 아파트 공급이라는 것이 계획을 세워도 실제로 입주해서 살기까지 최소 8~10년이 걸리는데요. 그래서 미봉책으로 아파트의 대체재인 오피스텔의 바닥난방 면적기준을 기존 전용 $85m^2$에서 아파트 34평과 유사한 전용 $120m^2$까지 확대했습니다. 이때 저의 지인도 고양시에 있는 오피스텔을 구입했는데요. 오피스텔 분양계약을 하고 은행에 대출을 받으러 갔는데 놀라운 소식을 듣게 됩니다. 오피스텔은 주택으로 분류되지 않는다는 것입니다. 이게 대체 어떻게 된 일일까요?

우리가 일반적으로 생각하는 주택과 법으로 정하고 있는 주택은 차이가 있습니다. 법에서 정하는 주택은 주택법상 주택을 의미하는데, 주택법상 주택은 아파트, 연립주택, 다세대주택, 다가구주택, 단독주택 등을 일컫습니다. 이 외의 다른 것은 주택으로 보지 않겠다는 것이죠. 앞의 오피스텔 같은 경우에는 주택법상 주택으로 분류가 되지 않기 때문에 비주택으로 분류되는 것입니다.

부동산 가격이 급등하면서 정부에서는 본격적으로 대출규제를 하기 시작했습니다. 바로 수요를 억제하기 위함인데요. 이때 정말 많은 규제들이 새로 생겼는데, 은행원들도 제대로 파악하지 못할 정도로 복잡했습니다. 얼마나 복잡했으면 이제 대출도 배워야 한다며 대출 강의도 생길 정도였습니다. 이때 주택법상 주택 이외에도 조합원의 입주권과 분양권도 주택 수에 포함시킵니다. 예를 들어, 재개발 지역의 조합원이라면 1주택자라고 보고 대출규제를 적용한 것이죠. 만약 여러분이 분양권 거래만 해보시고 등기를 쳐본 적이 없다면 생애최초대출에 해당할까요? 아쉽게도 그렇지 않습니다. 앞에서 말씀드린 것처럼 분양권 취득도 주택 수에 포함시키기 때문이죠.

상가주택은 주택일까요? 아닐까요? 먼저 상가주택이 무엇인지 설명해드릴게요. 상가주택은 단어 그대로 상가와 주택이 혼용된 것을 말합니다. 보통 1층은 상가, 나머지는 주택으로 쓰는 형태입니다. 상가주택과 다가구주택을 많이 헷갈리시는데요. 다가구주택은 모든 가구가 주택으로 사용, 상가주택은 일부는 상가, 나머지는 주택으로 사용하는 형태라고 이해하시면 될 것 같아요.

그럼 이제 상가주택이 주택으로 분류되는지 안 되는지, 본격적으로 알아보겠습니다. 결론은 주택으로 분류될 수도, 아닐 수도 있는데요. 은행은 건물의 상가 비율과 주택 비율을 계산하고, 큰 비율의 용도로 주택인지 아닌지를 결정합니다. 4층짜리 상가주택을 예로 들어 보겠습니다. 1층은 편의점이 영업하고 있고, 2층부터 4층까지는 모두 주택으로 사용 중인데요. 이런 경우에는 상가보다 주택의 비율이 더 크기 때문에 주택으로 분류하는 것입니다. 대부분의 상가주택이 이렇게 1층은 상가, 나머지 층은 주택으로 사용하고 있습니다. 따라서 상가주택은 대부분 주택으로 분류됩니다(일부 금융회사는 이와 상관없이 상가주택을 비주택으로 분류하기도 합니다).

한 가지 주의해야 할 것은 외부만 보고 평가를 해서는 안 된다는 것입니다. 종종 건축물상의 용도와 실제 모습이 다르기 때문입니다. 이를 정확히 확인하려면 건축물대장을 떼어봐야 합니다. 건축물대장에는 층별 용도가 나와 있습니다. 주택은 주택으로, 상가는 근린생활 시설로 말이죠.

주택으로 분류되면 주택담보대출규제를 받습니다. 여러분이 다주택자라면 주택담보대출규제를 받는 것이 불리합니다. 하지만 무주택자라면 주택담보대출규제를 받아도 불리한 것이 없습니다. 오히려 DSR 계산에 유리한데요(DSR은 뒤에서 자세히 설명드리겠습니다).

정리하겠습니다. 대출을 받을 때는 주택법상 주택뿐만 아니라 분양권 및 조합원까지 주택으로 분류됩니다. 또한, 상가주택은 비율에 따라 주택과 비주택으로 나뉘고요. 오피스텔은 주거용이라고 하더라도 비주택으로 분류됩니다.

07

주택담보대출에서 채무자별로 분류하는 기준이 어떻게 되나요?

여러분이 대출을 받아보셨다면 은행원이 채무자 란에 서명하라는 말을 들어보셨을 것입니다. 채무자는 대출을 받는 사람을 말하는 용어입니다. 앞에서 제가 아내와 공동명의로 아파트 분양권을 구입했던 사례를 소개해드렸는데요. 이럴 때는 채무자가 누가 되어야 할까요? 채무자는 여러 명이 될 수는 없습니다. 법적으로는 공동채무자라고 해서 여러 명이 채무자가 될 수 있지만, 은행에서 대출을 받을 때 채무자는 단 한 명만 될 수 있죠.

저는 앞에서 아내를 채무자로 했다고 말씀드렸습니다. 이것은 여러분이 선택할 수 있는 것입니다. 은행원이 정해주지 않습니다. 그럼 저는 채무자가 아니기 때문에 대출서류에 자필서명을 하지 않아도 될까요? 그렇지는 않습니다. 저도 날인을 해야 했는데요. 은행원이 담보제공자 란에 서류를 작성하라고 하더라고요. 저는 이 대출에 담보를 제공하는 역할을 하기 때문에 담보제공자 란에 날인을 해야 하는 것이죠. 공동명의이기 때문에 아내도 역시 담보제공자입니다. 아내는 채무자 겸 담보제공자입니다. 보통은 채무자와 담보제공자가 같지만, 가끔은 저의 경우처럼 채무자와 담보제공자가 다른 경우도 있는데요.

여러분이 주택담보대출을 받을 때, 은행은 채무자별로 구분해서 다른 대출규제를 적용합니다. 여러분이 무주택자인지, 아니면 1주택자인지에 따라서 대출규제가 다르게 적용되고, 가장 중요한 대출금액이 달라집니다. 예를 들어, 생애최초로 주택을 취득한 사람은 매매가의 80%까지 대출이 가능하고, 일반 무주택자는 70%까지 가능하기 때문에 10%나 차이가 납니다. 내가 생애최초에 해당하는지 모른다면 10%를 손해 볼 수도 있는 것이죠.

그럼 지금부터 주택담보대출에서 채무자의 분류가 어떻게 되는지 알아보겠습니다.

먼저 가계주택담보대출부터 살펴볼게요. 가계주택담보대출은 총 5가지로 채무자를 분류합니다. 생애최초, 서민실수요자, 무주택자, 1주택자, 다주택자, 이 5가지인데요. 무주택자는 현재 주택이 없는 자, 1주택자는 현재 1주택을 소유한 자, 다주택자는 2주택 이상을 소유하고 있는 자입니다. 생애최초와 서민실수요자는 더 자세히 말씀드려볼게요.

먼저 생애최초는 말 그대로 한 번도 주택을 구입한 적이 없는 사람입니다. 다만, 2가지를 충족하셔야 합니다. 첫째, 세대 구성원 모두가 과거에 주택을 소유한 사실이 없어야 합니다. 만약 내가 부모님과 같이 거주하고 있는데 부모님이 주택을 소유한 적이 있다면, 생애최초가 아닙니다.

그럼 여러분께 하나 퀴즈를 내겠습니다. 나는 한 번도 주택을 소유한 적이 없지만, 결혼한 배우자가 주택을 소유하고 있습니다. 하지만 세대는 분리되어 따로 전입되어 있는데요. 이 경우에는 생애최초일까요? 아닐까요? 이 경우는 생애최초가 아닙니다. 세대분리 되어 있더라도 배우자 및 그 배우자와 동일세대를 이루고 있는 직계비속은 동일세대로 봅니다. 쉽게 말해서 배우자는 세대분리 되어 있어도 한 세대로 본다는 것입니다.

둘째, 주택분양권 및 입주권을 취득해본 적이 없어야 합니다. 이것은 앞에서도 잠깐 설명해드렸는데요. 분양권 및 입주권은 주택법상 주택에 해당하지는 않습니다. 다만 대출에서는 주택으로 분류하기 때문에 등기를 치지 않더라도 주택을 취득했던 것으로 보는 것입니다. 즉, 생애최초에 해당하지 않는 것이죠.

이번에는 서민실수요자에 대해 설명해드리겠습니다. 서민실수요자는 단어 그대로 '서민+실수요자'입니다. 서민이라는 것은 소득이 적음을 의미하고, 실수요자는 무주택을 의미하는데요. 서민실수요자는 연소득 부부합산 9,000만 원 이하, 무주택 세대주가 조정지역 8억 원(투기지역·투기과열지역 9억 원) 이하 주택을 구입할 때 적용받는 규제입니다. 현재 서민실수요자대출의 의미는 많이 퇴색되었습니다.

왜 그럴까요? 이 부분은 서민실수요자 대책이 나온 배경을 알아야 하는데요. 부동산 급등기에 수도권 전 지역(일부 읍, 면 제외), 지방광역시 대부분이 규제지역으로 지정되었습니다. 무주택자가 규제지역에 집을 살 때 50%밖에 대출을 못 받았습니다. 원래 70%까지 대출을 받을 수 있었는데 20%가 줄었으니 무주택자 입장에서는 집을 살 기회를 박탈당한 것과 마찬가지였습니다. 그래서 정부는 서민실수요자만큼은 70%만큼 대출이 가능하도록 혜택을 준 것입니다.

그런데 지금은 기존에 규제지역이 대거 해제되었습니다. 현재 서울 강남 3구 및 용산구를 제외하고는 모두 비규제지역인데요. 그래서 지금은 서민실수요자 혜택이 큰 의미가 없어졌다고 말씀드리는 것입니다. 여러분도 아시겠지만, 대표적인 부촌인 강남 3구 및 용산구에 9억 원 이하 주택을 찾아보기 힘드니까요.

정리하겠습니다. 가계주택담보대출을 받을 때, 채무자별 분류는 5가지로 분류됩니다. 생애최초, 서민실수요자, 무주택자, 1주택자, 다주택자인데요. 여러분은 어디에 해당하는지 정확하게 확인해보시기를 바랍니다.

08
기업주택담보대출에서
채무자 분류

이번 장에서는 기업주택담보대출에 대해서 말씀드리도록 하겠습니다. 사실 이름은 거창하게 기업대출이지만, 여러분에게도 해당하는 내용이기 때문에 잘 따라와주세요. 1인 사업가 시대, 전 신사임당주언규 PD는 "현재 시대가 단군 이래 돈 벌기 가장 좋은 시대"라고말했습니다. 이 말에 동의를 안 하시는 분들도 계실지 모르겠지만,저는 주 PD님 말에 동의하는데요.

우리는 농경 사회, 산업화 사회를 거쳐서 현재는 지식정보화 사회에 살고 있습니다. 농경 사회에서는 지주가 소작농에게 땅을 빌려주고, 소작농들이 재배한 곡식을 지료로 받았습니다. 지주는 토지를 가졌기 때문에 일을 안 하고 평생 놀고먹을 수 있었죠. 산업화 사회에서는 공장, 설비를 소유하고 있는 기업체가 대부분의 이익을 가져갔고, 노동자들은 먹고살 만큼만 벌어갔습니다. 하지만 현재 지식정보화 사회에서는 지식, 정보가 곧 돈이 되는 사회입니다. 누구나 마음만 먹으면 지식을 판매할 수 있죠. 인터넷에 마켓을 개설할 수도 있고, 내 재능을 판매할 수도 있습니다.

네이버 블로그를 운영하고 계신 유나바머 님은 "사람은 누구나 사업할 운명을 타고난다"라고 말했는데요. 지금은 회사에 다닌다고 할지라도 회사의 정년은 60세로 정해져 있고, 우리의 기대수명은 100세를 넘어가니 나머지 시간은 좋든, 싫든 일을 해야 하죠. 이쯤 설명해드리면 여러분께서 기업대출에 대한 관심이 좀 생기셨을까요?

우리가 매일 가는 편의점도 기업이고, 카페, 음식점 모두 기업체입니다. '에이, 그게 무슨 기업이야?'라고 의아하실 수 있을 텐데요. 기업은 규모가 작은 개인사업자부터 삼성 같은 대기업까지 모두 총괄해 기업이라고 분류합니다. 그렇기 때문에 여러분이 요즈음 유행하는 네이버 스마트스토어를 개설해서 사업자등록을 하면 기업자금대출을 받을 수 있습니다.

앞서 가계주택담보대출은 생애최초, 서민실수요자, 무주택자, 1주택자, 다주택자 5가지로 분류했는데요. 기업은 크게 개인사업자와 법인으로 분류할 수 있습니다. 저는 입사하고 나서도 한동안은 개인사업자와 법인의 차이가 헷갈렸는데요. 아마 여러분 중에도 개인사업자와 법인이 정확히 어떤 차이인지 모르시는 분이 계실 것 같아서 설명해드리겠습니다. 개인사업자는 단어 그대로 '개인+사업자'

입니다. 개인이 사업자등록을 한 경우에 개인사업자라고 하는 것이죠. 반면에 법인은 법으로 정한 사람이라는 의미입니다. 실제로 새로운 행위 주체가 하나 생기는 것이죠. 그렇기 때문에 우리가 주민등록번호가 있듯이, 법인도 법인등록번호가 따로 부여됩니다. 여러분이 만약 법인을 설립한다면, 법인은 나와는 아예 다른 주체가 되는 것이죠. 여러분은 법인의 대표이사나 주주가 될 수는 있겠지만요.

앞에서 기업은 개인사업자와 법인으로 분류된다고 했는데, 사실 주택담보대출규제는 기업과 개인사업자 모두 동일합니다. 차이가 없는 것이죠. 대신에 업종별로 규제가 적용되는데요. '어떤 업종이냐'에 따라 대출규제가 다르게 적용되는 것입니다.

예를 들어, 음식점이나 미용실 같은 업종과 주택임대업이나 주택매매업 같은 업종은 대출가능 금액이 다른 것이죠. 정확히 말씀드리면 주택임대업, 주택매매업, 이 외 기타업종 3가지로 분류됩니다. 주택임대업과 주택매매업은 똑같은 규제를 받으므로 한 가지로 묶어서 주택임대, 매매업이라고 하겠습니다. 그러면 주택임대, 매매업

개인사업자, 기업 LTV 표

유형	업종	규제지역		비규제
		투기, 투과	조정	
개인 사업자 및 법인	주택임대업	30	30	60
	주택매매업	30	30	60
	기타업종	주택구입 목적 ▶ 취급 불가	주택구입 목적 ▶ 취급 불가	주택구입 목적 ▶ 취급 불가
		기타 목적(운전, 시설) ▶ 규제 없음	기타 목적(운전, 시설) ▶ 규제 없음	기타 목적(운전, 시설) ▶ 규제 없음

과 그 외 업종 2가지로 분류할 수 있겠네요. 앞에서 가계대출이 5가지였던 것에 비하면 굉장히 심플하죠? 이제부터 더 자세히 알아보겠습니다.

일단 주택임대, 매매업과 기타업종의 차이를 2가지 정도로 압축해서 말씀드릴게요.

첫 번째, 주택임대, 매매업은 주택을 구입할 때 대출을 받을 수 있지만, 이 외 업종은 대출이 나오지 않습니다. 주택임대, 매매업도 대출이 아예 안 나오다가, 최근에서야 바뀌었는데요. 이것도 배경을 알면 쉽게 이해가 됩니다. 지난 부동산 급등기에 집값의 주범으로 임대사업자와 법인이 지목됩니다.

여러분도 아시겠지만, 임대사업자와 법인은 주택의 실수요자가 아니기 때문이죠. 그래서 법인의 경우에는 주택에 대한 취득세도 무려 13.4%가 적용되었죠. 1억 원짜리 주택을 사면 1,300만 원이 넘는 돈이 세금으로 나가는 것이니 어마어마한 것이죠. 더불어 기업은 주택을 구입할 때 대출도 아예 받지 못하도록 막았습니다. 사실 임대사업자, 다주택자들이 우리나라 임대주택 대부분을 공급하는 주체인데, 이들이 주택을 구입하지 못하도록 막은 것은 임시방편일 뿐이었습니다. 결국 부동산 열기가 식자 주택임대, 매매업종에 대해서는 대출규제를 완화해주었습니다. 하지만 이 외 업종에서는 현재도 대출을 받아서 주택을 구입할 수 없죠. 규제의 배경을 아니까 쉽게 이해되시죠?

두 번째, 기타업종이 기존 주택을 담보로 대출을 받을 때는 대출 규제를 적용하지 않습니다. 예를 들어, 미용실을 운영하는 사업자가 있습니다. 이분이 사업자금이 필요해서 본인의 아파트를 담보로 대출을 받으려고 하는데요. 이런 경우에는 규제 적용이 없기 때문에 대출을 80%까지 받을 수 있습니다. 분명 앞에서 기타업종의 경우에는 주택 구입 시에는 대출을 받을 수 없었는데, 왜 기존 주택을 담보로 대출받을 때는 규제 적용을 하지 않을까요?

여러분, 우리나라 자영업자가 총 얼마나 되시는지 아세요? 통계청 e-나라포털에 따르면, 2022년 7월 기준으로 우리나라 자영업자 수는 약 569만 명이라고 합니다. 우리가 알 만한 기업들이 100여 개 남짓이니 대부분의 기업은 소호 자영업자라고 볼 수 있습니다. 우리나라 경제의 바닥을 받쳐주는 소중한 존재죠. 하지만 실제로 이런 소호 자영업자분들은 은행에서 대출을 받기가 쉽지 않습니다. 비교적 매출액도 작고, 신용도도 낮아서 은행에서는 대출을 많이 해주길 꺼립니다.

또한 기업체들은 주식 또는 채권을 발행해 돈이 필요할 때 자금을 조달하기 쉽지만, 소호 자영업자들은 어림도 없는 이야기죠. 그래서 이런 자영업자 및 중소기업은 자금이 필요할 때 최후의 보루로 주택을 담보로 대출을 받는 것입니다. 얼마 전, 부산에서 제조업을 운영하시는 대표님께서도 본인 앞으로 되어 있는 송파구의 아파트를 담보로 대출을 신청하셨는데요. 왜 회사자금을 쓰는데 본인 주택까지 대출을 받냐고 여쭤보니, 대표님께서는 그만큼 자금이 급하다고 하셨습니다. 또, 지역에서 30년 넘게 부동산 중개사무소를 운영하시는 사장님께서도 본인의 자택을 담보로 대출을 받으러 오셨는데요. 부동산 경기가 얼어붙어 거래가 너무 안 되어서 1년 동안 한 차례도 계약을 못 하셨다며 푸념을 늘어놓기도 하셨죠.

이제 왜 정부에서 기타업종에 대해서 대출 규제를 하지 않는지 아셨죠? 앞으로도 저는 계속 배경적인 설명을 덧붙여서 여러분이 쉽게 이해할 수 있도록 해드릴 테니 잘 따라오세요!

Part 1 대출 기초부터 탄탄하게,
마인드세팅

Part 2 주택담보대출

Part 3 주택담보대출(실전)

Part 4 주택담보대출(사업자)

Part 5 담보신탁대출

09
대출을 어떻게 사용하는지에 따라서도
대출이 다르게 나온다고요?

앞에서는 채무자별로 대출규제가 다르게 적용된다고 말씀드렸습니다. 간단히 복습하자면 가계자금은 5가지로 분류되었고, 기업자금은 2가지로 분류할 수 있었는데요. 이제 마지막으로 대출목적에 따른 분류를 말씀드릴 차례입니다. 이 부분까지 이해하시면 여러분은 주택담보대출에 대한 뼈대를 모두 이해하신 것입니다.

저는 대학교에서 수학을 전공했습니다. 학창 시절 수학의 명료함이 너무 좋아서 수학의 재미에 푹 빠졌는데요. 지금 생각해보면 제가 수학을 좋아해서 잘하게 된 건지, 잘해서 좋아하게 된 건지는 모르겠어요. 둘 다 맞는 것 같아요. 수학을 잘할 수 있었던 비결을 하나 말씀드리면 저는 개념을 정확하게 이해했습니다. 그리고 나서 문제를 풀었죠. 사실 쉬운 문제는 개념을 정확하게 이해하지 못해도 문제만 많이 풀어봐도 풀 수가 있습니다. 하지만 문제가 조금만 어려워지거나, 응용되면 풀 수가 없습니다. 개념을 정확하게 이해하지 못하고 있으니까요.

제가 왜 이렇게 수학에 관한 이야기를 장황하게 말씀드리냐면, 대출도 마찬가지이기 때문입니다. 뼈대를 정확하게 잡아놓고 살을 붙이는 것과 뼈대 없이 살만 붙이는 것과는 차이가 큰 것이죠. 여러분께서는 이 책을 읽고 뼈대를 만드셨으니 다행인 것이죠. 이제 마지막 뼈대를 완성하러 가보실까요?

여러분은 언제 주택담보대출을 받으시나요? 대표적으로 주택을 구입할 때입니다. 사실 주택담보대출은 주택을 구입할 때만 되는 거 아니냐고 말씀하시는 분들도 계시죠.

하지만 다른 용도로는 사용이 가능한데요. 그것을 통틀어서 생활안정자금이라고 합니다. 대표적으로 본인이 사는 주택을 담보로 대출을 받아서 생활비나 병원비 같이 필요한 곳에 사용하는 것이죠. 정리하자면, 주택 구입자금과 생활안정자금 2가지로 분류할 수 있는 것입니다.

이제 하나씩 자세히 설명드려보겠습니다. 우리는 뼈대를 단단하게 만들어야 하니까요.

주택 구입 목적은 말 그대로 주택을 구입하는 목적으로 대출을 받는 목적일 때 해당됩니다. 주택 구입 목적의 정확한 정의는 '소유권 보존등기 또는 소유권 이전일로부터 3개월 이내에 그 주택에 대해 실행된 주택담보대출', '분양주택 중도금, 잔금대출', '재개발, 재건축 이주비대출, 추가 분담금 중도금대출, 잔금대출'을 모두 일컫습니다. 또한, 기존주택을 담보로 대출을 받아서 신규주택을 구입하는 것도 주택 구입 목적대출로 분류됩니다.

얼마 전, 본인 땅에 단독주택을 지으신 손님께서 대출을 받기 위해 저를 찾으셨습니다. 알고 보니 땅을 경매로 싸게 매입하신 후에, 그 위에 주택을 지으셨더라고요. 이제 막 준공된 지 한 달 정도 된 정말 새 주택이었습니다. 손님은 생활자금이 필요하셔서 대출을 받고 싶다고 하셨죠. 그런데 일반 은행에서 다 거절이 되었다는 거예요. 담보가치도 충분하고 소득도 있으셨는데 왜 거절이 된 것일까요?

정확히 파악해보니 이 주택은 '소유권보존등기 또는 소유권 이전일로부터 3개월 이내 주택'에 해당하는 것이었어요. 한마디로, 집이 지어진 지 3개월이 안 되었으니 지금 대출을 받으려면 주택 구입 목적으로만 받을 수가 있는 것이죠. 하지만 벌써 본인 자금으로 건물을 다 지었기 때문에 주택 구입 목적으로 대출을 받는 것은 용도에 맞지 않았는데요. 이런 사정이다 보니 은행에서는 2개월 후에 다시 오셔서 대출을 받으러 오라고 한 거죠.

어차피 주택을 지을 일 없으니까 상관없으시다고요? 앞의 사례는 여러분이 아파트를 분양받거나 매매하는 경우에도 동일하게 적용됩니다. 아파트를 사서 내 이름으로 등기가 되고 나서 3개월 동안은 주택 구입자금으로 분류되기 때문에 대출을 받을 수 없는 것이죠.

생활안정자금 규제, 비규제

구분	규제지역				비규제지역			
	투기, 투과		조정		조정 외 수도권		기타지역	
	LTV	DTI	LTV	DTI	LTV	DTI	LTV	DTI
1주택자	50	40	50	50	70	60	70	없음
다주택자	40	30	40	40	60	50	60	없음
심의위원회 특별승인	50	40	50	50	70	60	70	없음

출처 : 금융위원회

그럼 이번에는 생활안정자금 목적에 대해서 자세히 알아보도록 하겠습니다. 생활안정자금이라고 하니 단어 그대로 생활비를 지급해주는 대출이라고 생각하실지도 모르겠습니다. 사실 생활안정자금대출이라는 단어가 여러분을 헷갈리게 하기 충분하다고 생각합니다. 실제로는 주택 구입 목적 외로 대출을 받는 모든 경우가 생활안정자금대출에 해당합니다. 대표적으로 전세금 반환이죠. 얼마 전까지만 해도 전세금 반환과 생활안정자금이 분리되어 있었습니다. 생활비나 병원비 등 말 그대로 생활안정자금은 2억 원까지만 가능했죠. 하지만 지금은 구분이 없어져서 전세금을 반환하거나, 생활비로 사용하거나 동일한 규제를 적용받습니다.

전에는 생활안정자금대출을 받을 때, 어떤 용도로 사용했는지 은행에 제출해야 하는 의무도 있었습니다. 만약 다른 데 사용하거나, 증빙을 못 한다면 바로 대출금을 상환해야 했습니다. 금융 일선에서 손님들의 반발이 정말 컸어요. 내 집 가지고 내가 대출받겠다는데, 왜 어디에 쓴지도 제출해야 하냐, 무슨 어린애 숙제검사 하냐고 말이죠. 사실 은행원들도 관리하기가 정말 힘들었습니다. 예전에는 대출이 나가면 끝이었는데, 규제가 시작된 후에는 한 분, 한 분 전화해서 "대출금을 어디에 사용하는지 제출하셔야 한다, 제출 안 하시면 회수되신다"라고 이야기해야 했으니까요. 대출추가약정서에 사용 내용을 미제출 시에 대출금을 회수한다는 내용이 있기는 하지만, 손님들은 대부분 시간이 지나면 잊어버리기 때문에 은행원이 다시 알려드려야 했죠.

다행히도 지금은 자금 증빙을 제출하지 않으셔도 됩니다. 다만, 생활안정자금대출을 받을 때 이것만은 꼭 주의하셔야 하는데요. 생활안정자금대출을 받은 후에 주택을 구입하시면 대출이 회수된다는 것입니다. 이 규제는 세대 전체에 해당하는 규제이기 때문에 만약 생활안정자금대출을 받은 후에 세대를 구성하고 있는 가족 중 누구라도 주택을 구입하면 대출이 회수될 수 있습니다.

은행에서 주택을 구입했는지, 안 했는지 어떻게 알 수 있냐고요? 여러분이 대출을 받으실 때 세대원 전부에 대한 동의서를 제출하도록 되어 있습니다. 주택의 보유현황을 조회할 수 있는 동의서입니다. 은행에서는 주기적으로 이 데이터를 확인하고, 주택을 추가로 취득한 것이 확인되면 여러분께 통보하는 것이죠. 시간이 지나면 이런 서류를 썼는지 기억하지 못하기 때문에 주의하셔야 하는데요.

제 지인도 원래 경기도에 거주하다가, 사정이 생겨서 지방으로 이사를 가야 했습니다. 부모님이 편찮으셔서 봉양하기 위함이었죠. 그분은 평소 사업을 하셨는데 사업까지 다 접고 지방으로 내려갔습니다. 지방은 다행히 집값이 쌌기 때문에 임차를 할까, 주택을 구입할까 하다가 주택을 구입하는 것으로 결정을 내렸는데요. 주택을 구입한 후에 기존 집을 대출받았던 은행에서 연락이 온 거예요. 추가 주택 구입약정을 어겼으니, 대출을 바로 상환하셔야 한다고 말이죠.

기존에 경기도 주택을 담보로 생활안정자금대출을 받았던 것을 깜빡했던 것이었습니다. 다행히도 기존 주택이 매매되어 대출금을 상환해서 대출금이 강제로 회수되는 상황은 면할 수 있었지만, 대출약정 위반이 신용정보에 남게 되었는데요. 추가 약정서에 보면 본 대출완제 여부에 관계없이 신용정보 집중기관에 채무자의 약정 위반 사실이 제공되며, 제공일로부터 3년간 금융기관의 주택 관련 대출이 제한된다고 나옵니다. 이 주택관련대출에는 전세자금대출도 포함되는데요. 지금 당장은 여러분과 관련 없는 일인 것 같지만, 나중에라도 충분히 일어날 수 있는 일이니 주의해야겠습니다.

10
기업자금대출
용도 증빙이 필수라고요?

앞에서 기업자금대출에 관해서 설명해드렸던 것 기억하시죠? 기업은 개인사업자와 법인으로 나뉘고 업종은 주택임대, 매매업과 그외 업종으로 구분된다고 말씀드린 바 있습니다. 그중에 주택임대, 매매업이 아닌 기타업종의 대출은(주택 구입 제외) 규제가 적용되지 않는다는 것과, 왜 정부가 규제를 적용하지 않는지 그 배경까지 말씀드렸습니다.

규제를 적용하지 않는 대신에 대출금의 사용 증빙은 꼭 지키도록 했는데요. 기업자금이 제대로 사용되도록 하기 위함이죠. 앞에서 미용실을 운영하는 사업자가 자택을 담보로 대출받는 경우를 설명해드렸죠. 만약 이분께서 사업자금으로 쓴다고 하고서는 주택을 구입하는 데 사용하거나 가계자금으로 사용한다면 약정위반이 되는데요.

실제로 기업자금대출을 받고 나서 용도증빙을 안 해주시는 분들이 계셨습니다. 정해진 용도증빙기한인 3개월을 훌쩍 넘겨서도 제출을 안 해주시더라고요. 나중에는 연락도 안 되고요. 이럴 때 저희는 참 난감합니다. 용도증빙을 하지 않으면 대출금을 회수조치 해야 하기 때문인데요. 아마 고객님께서는 '이자만 잘 내면 문제없겠지'라고 생각하셨던 것 같아요. 하지만 그리 간단한 문제가 아닙니다. 실제로 용도증빙 서류를 받았는지, 안 받았는지 상위기관에서 주기적으로 체크합니다. 그래서 은행원들도 정확하게 확인해야 하는 것이죠. 결국 끝까지 안 해주신 몇 분은 경매 통지서를 보냈고, 경매를 접수하기 직전까지 갔는데요. 다행히 경매 접수 직전에 용도증빙서류를 제출해주셔서 불상사는 막을 수 있었습니다.

제가 용도증빙에 대해 강조해서 말씀드리는 이유가 있습니다. 바로 신규사업자의 대출 때문인데요. 모두 그런 것은 아니지만 가계자금대출의 문턱이 워낙 높다 보니 기업자금대출로 우회해 대출을 받고자 하는 분들이 계십니다. 저축은행에서 기업자금 용도 증빙 서류를 위조해서 한바탕 난리가 나기도 했는데요. 가계자금은 대출금액도 낮고, 소득도 높아야 대출이 가능하기 때문에 규제가 없는 기업자금대출을 받아서 사용한 것이죠. 제가 앞에서 용도증빙이 필수라고 말씀드렸잖아요. 실제로 사업자금으로 사용한 것처럼 서류를 꾸며서 은행에 제출한 것이죠. 이 경우, 적발 시 대출금이 강제회수되니 이 책을 보고 계신 독자분께서는 절대 이런 일이 없으셔야겠습니다.

11

대출가능금액 LTV, DTI, DSR 총 3단계 관문을 넘어야 합니다

주택가격	구분	규제지역				비규제지역			
		투기, 투과		조정		조정 외 수도권		기타지역	
		LTV	DTI	LTV	DTI	LTV	DTI	LTV	DTI
9억 원 이하	생애최초	80	60	80	60	80	60	80	없음
	서민실수요자	70	60	70	60	70	60	70	없음
	무주택자	50	40	50	50	70	60	70	없음
	1주택자	30 (예외 50)	40	30 (예외 50)	50	60 (예외 70)	50 (예외 60)	60 (예외 70)	없음
	다주택자	30	40	30	50	60	50	60	없음
9억 원 초과	생애최초	80	60	80	60	80	60	80	없음
	무주택자	50	40	50	50	70	60	70	없음
	1주택자	30 (예외 50)	40	30 (예외 50)	50	60 (예외 70)	50 (예외 60)	60 (예외 70)	없음
	다주택자	30	40	30	50	60	50	60	없음

출처 : 금융위원회

　대출이 얼마나 가능한지 알아보기 위해 기본적으로 알아야 할 필수 개념들이 있습니다. 바로 LTV, DTI, DSR 같은 용어입니다. 아마 이 용어들을 한 번씩은 들어보셨을 것입니다. 기사에도 많이 나오는 단어이니까요. 지금부터 저와 함께 자세히 공부해보도록 하겠습니다.

　먼저 LTV부터 설명하겠습니다. LTV는 'Loan To Value ratio'의

약자로, 담보인정비율을 의미합니다. 말 그대로 담보금액 대비 얼마만큼의 대출이 나오는지 비율로 나타낸 것인데요. 예를 들어서, 여러분이 경기도 과천시에 있는 아파트를 10억 원에 구입한다고 해보겠습니다. 앞에서 배운 것처럼 채무자의 분류에 따라 LTV 적용이 다르지만, 여기서는 그냥 무주택자라고 해보겠습니다. 무주택자가 비규제지역에 주택을 구입하면 LTV 70%인데요. 아파트의 매매가인 10억 원에 LTV 70%를 곱하면 대출가능 금액 7억 원이 나옵니다. 내 돈 3억 원만 있어도 7억 원의 대출을 받아서 과천시의 아파트를 구입할 수 있는 것이죠. 하지만 안심하기는 이릅니다. 2가지 관문이 더 남았는데요.

먼저 DTI입니다. DTI는 'Debt to Income'의 약자로, 총부채상환비율을 의미합니다. 여러분께서 영어 단어 그대로 이해하시는 게 더 쉬울 것 같아요. 총부채상환비율이라는 단어가 저도 와닿지 않으니까요. 영어 단어 그대로 해석하면 '소득 대비 부채비율'입니다. 즉, 소득에 따라서 대출가능 금액을 산출하겠다는 것이죠. 더 쉽게 말씀드리면 소득이 없으면 아무리 담보가치가 나오더라도 대출을 해주지 않겠다는 이야기입니다.

DTI의 계산식은 주택담보대출원리금과 기타대출이자의 합을 연소득으로 나눈 값입니다. 주의해야 할 것은 주택담보대출원리금뿐만 아니라 기타대출이자까지 계산해야한다는 것입니다. 예를 들면,

신용대출을 받고 있다면 그 이자까지도 계산해야 하는 것이죠. 하지만 DTI를 적용하지 않아도 되는 경우도 있습니다. 바로 기타지역의 주택을 담보로 대출을 받을 때인데요. 이 경우를 제외하고는 주택담보대출을 받을 때, DTI를 모두 충족해야만 대출이 가능합니다.

이제 마지막으로 DSR입니다. DSR은 가계대출규제의 끝판왕입니다. 앞에 2가지를 충족했다고 하더라도 DSR을 충족하지 못해서 대출을 받지 못하는 경우가 부지기수죠. 엄청난 흥행을 기록한 특례보금자리론과 이번에 새로 나온 역전세반환대책의 하나인 전세금반환대출은 예외적으로 DSR을 제외하도록 했습니다. 그만큼 DSR을 충족하기가 쉽지 않기 때문인데요.

DSR 계산표

참고사항
❶ 신DTI 및 DSR 부채산정 방법('22.9.1. 이후) ※ 출처 - 부동산위키

분류	종류	상환형태	원금		이자
주택담보대출	개별 주택담보대출 및 잔금대출	전액 분할상환	분할상환 개시이후 실제 상환액		
		일부 분할상환	분할상환 개시이후 실제상환액 + 만기상환액 / (대출기간 - 거치기간)		
		원금 일시상환	대출총액 / 대출기간(최대 10년)		
	중도금 · 이주비	상환방식 무관	대출총액 / 25년		
	구분			**DSR**	**신DTI**
주택담보대출 이외의 기타대출	전세자금대출 예적금담보대출 보험계약대출	상환방식 무관	불포함		실제 부담액
	전세보증금 담보대출	상환방식 무관	대출총액 / 4년		
	비주택 담보대출	상환방식 무관	대출총액 / 8년		
	기타담보대출	상환방식 무관	대출총액 / 10년		
	신용대출	분할상환	대출총액 / 약정만기(5~10년)	불포함	
		분할상환 외	대출총액 / 5년		
	유가증권담보대출	상환방식 무관	대출총액 / 8년		
	장기카드대출	분할상환	대출총액 / 약정만기(5년 이내)		
		분할상환 외	대출총액 / 약정만기(3년 이내)		
	기타대출	상환방식 무관	향후 1년간 실제 상환액		

* 신DTI의 경우 원금상환액을 반영하지 않음

출처 : 부동산계산기.com

DSR은 'Debt Service Ratio'의 약자로, 총부채원리금상환비율이라고 합니다. DTI가 총부채상환비율이었는데 뭔가 비슷하면서도 다른 점, 느껴지시나요? 얼핏 보면 구분하기가 쉽지 않은데요. 가장 큰 차이는 기타대출의 원리금 계산 여부입니다. DTI가 주택담보대출원리금+기타대출이자/연소득이었다면, DSR은 주택담보대출 원리금+기타대출 원리금/연소득이죠.

예를 들어, 여러분께서 신용대출 1억 원을 받고 있습니다. 대출기간 1년에 금리는 5%라고 해보죠. 여러분께서 내는 연이자는 1억 원의 5%인 500만 원인데요. DTI 계산식에는 신용대출의 연이자인 500만 원만 계산된다면, DSR 계산식에는 신용대출의 연이자인 500만 원에다가 신용대출 원금 1억 원을 5년으로 나눈 금액을 원금상환액으로 계산합니다. 그래서 총 2,500만 원이 원리금상환액으로 계산되는 것입니다. 내가 원금을 상환하지 않고 있더라도, 원금을 계산하는 것으로 가정하고 원리금 상환액을 계산하는 것이죠.

제가 처음 입사했을 때만 해도 담보만 있으면 대출을 받을 수 있었습니다. 지금 생각해보면 그때는 참 대출받기가 쉬운 때였죠. 저는 이것을 담보 위주의 대출심사에서 소득에 따른 대출심사로의 전환점이라고 생각합니다. 담보만 있으면 대출을 받을 수 있었던 예전 관행에서 이제는 소득이 있고, 현금흐름이 있어야 대출을 받을 수 있는 것이죠.

처음에 DSR 대책이 나오면서 많은 사람들이 반발하기도 했습니다. 아무리 우량한 담보를 가지고 있어도, 소득이 부족한 사람은 대출을 받을 수 없는 정책이니까요. 예를 들어, 여러분이 10억 원짜리 아파트를 구입하고 싶습니다. 예전에는 소득이 많은 A씨나 소득이 적은 B씨나 동일하게 7억 원의 대출을 받아서 내 돈 3억 원을 합쳐서 집을 구입할 수 있었죠. 하지만 지금은 B씨는 소득이 적다는 이유로 7억 원만큼 대출을 받을 수 없고, 더 저렴한 집을 알아볼 수밖에 없는데요. 상황이 이렇다 보니 일부 대기업 종사자, 전문직 종사자들만 원하는 만큼 대출을 받을 수 있고, 그 외는 원하는 만큼 대출을 받을 수 없으니 자산을 구입하는 데도 제한이 생겨버린 것이죠.

백 번 양보해서 집을 구입하는 것은 그렇다 치겠습니다. 하지만 전세금을 반환하기 위해 대출을 받을 때도 소득이 있어야만 전세반환대출이 되는데요. 소득이 없는 퇴직자, 주부 같은 사람들은 졸지에 전세금을 반환해주지 못해서 전세사기라는 말을 듣기도 했습니다. 또한, 심한 경우에는 전세금 반환소송을 당하고, 일부 임대인들은 급매로라도 저렴하게 처분해 전세금을 반환해주기도 했죠.

그럼에도 불구하고 소득, 현금흐름 위주의 대출은 쉽게 바뀌지 않을 것 같습니다. 선진국들도 대부분 DSR 같은 조치를 시행하고 있고, 소득이 없는 사람에게 대출해주면 부실의 위험도가 크기 때문이죠. 사실 금리가 낮을 때는 이자 부담이 적어서 상관없지만, 지금같이 이자율이 올라가면 소득이 적은 사람들에게는 큰 영향을 미치는 게 사실입니다. 제가 채권관리팀에서 근무하면서 연체하는 고객님들을 분석해보니 대부분이 소득이 적은 분들이더라고요. 대기업이나 전문직 종사자는 연체하는 일이 거의 없었습니다.

하지만 여러분께서 소득이 적다고 해서 대출을 못 받는다고 포기하기는 이릅니다. 뒤에서는 소득이 적더라도 DSR을 낮춰서 대출을 많이 받을 방법을 소개해드리도록 하겠습니다.

12

DSR 어떻게 하면 낮출 수 있을까?
DSR 제외 대출은? 전세자금대출 vs 전세보증금대출

그럼 대출을 받을 때 이렇게 중요한 DSR 수치를 어떻게 하면 만족시킬 수 있을까요? 첫 번째 방법은 대출상환기간을 최대한 길게 설정하는 것입니다. DSR 계산식을 한번 살펴보겠습니다.

DSR=(주택담보대출원리금+기타대출 원리금)/연소득

단순하게 분자인 원리금금액은 줄이고, 분모인 연소득 금액을 높이면 값은 낮아질 텐데요.

30년 분할상환보단 40년 분할상환이 원리금 계산에 유리할 것입니다. 하지만 이 분할상환이 주택에만 해당되고, 비주택에는 해당되지 않습니다. 예를 들어, A씨가 상가를 구입하기 위해 대출을 받으려고 합니다. A씨는 DSR 수치 계산에 유리하게끔 30년 분할상환으로 대출을 받고자 하는데요.

하지만 상가의 경우 비주택으로 분류되어 상환 방식에 무관하게 원금은 대출총액을 8년으로 나눈 금액으로, 이자는 실제 상환액으로 계산됩니다. 결국, 대출기간이 1년이든, 30년이든 상관없이 8년으로 DSR 계산이 되는 것이죠.

상가는 비주택이니까 이해가 됩니다. 그럼 앞에서 봤던 상가주택, 오피스텔은 어떨까요? 앞에서 이야기한 것처럼 상가주택은 상가와 주택의 면적 비율에 따라 주택 또는 비주택으로 적용됩니다. 또한, 일부 금융기관은 면적과 상관없이 비주택으로 적용하는 곳도 있다고 말씀드렸습니다.

그렇다면 상가주택을 대출 받을 때 DSR 계산이 유리하려면, 상가주택이 주택으로 분류되어야 하고, 장기간 분할상환으로 원리금을 최소한으로 하면 되겠네요. 앞에서 오피스텔도 용도에 상관없이 비주택으로 분류된다고 말씀드렸습니다. 주거용으로 쓰고 있더라도 대출에서는 비주택으로 분류하는 것인데요.

상황이 이렇다 보니 오피스텔 시장이 굉장히 힘들어졌습니다. 보통 오피스텔은 아파트의 대체재 역할을 합니다. 아파트와 오피스텔을 선택하라고 하면 대부분 아파트를 선택할 텐데요. 오피스텔에 비해 아파트는 대단지이기 때문에 관리도 잘되고, 커뮤니티 시설 또한 잘되어 있기 때문이죠. 부동산 가격이 올라갈 때는 아파트가 먼저 가격이 올라갑니다. 이후 오피스텔, 빌라 등의 아파트를 대체하는 상품들이 따라 올라가죠.

이번 상승기에도 그랬습니다. 아파트의 가격이 올라가니 오피스텔의 가격도 덩달아 올라갔는데요. 투자 심리라는 것이 가격이 올라가면 더 좋아 보이고, 가격이 내려가면 더 안 좋아 보이는 법입니다. 아파트의 가격이 올라가니 원래 아파트 매수에 관심이 없던 사람들까지 아파트 매수에 나섰고 매물이 부족해졌는데요. 원하는 사람은 많은데, 매물은 없으니 가격이 올라갈 수밖에 없었습니다. 정부에서는 공급을 확대해 시장을 진정시키고자 노력했으나, 아파트는 단기간에 쉽게 공급할 수 없습니다. 김현미 전 국토교통부 장관은 "아파트가 빵이라면 밤이라도 새워서 만들겠다"라고 말하기도 했는데요.

하지만 그에 비해서 오피스텔이나 빌라는 부지 매입, 인허가 절차가 단순해서 빠른 시일 내에도 공급이 가능합니다. 오피스텔 시행업자는 아파트 가격이 올라가고, 청약경쟁률이 높아지니 오피스텔 분양에 나섭니다. 단기간에 많은 오피스텔의 분양이 이루어진 것이죠.

그 이후에는 여러분도 아시다시피 부동산 경기가 주저앉았고, 새로 짓기 시작한 오피스텔의 미분양이 심해지고 있는데요. 건설업계는 어떻게든 오피스텔을 털어내기 위해 할인 분양도 해보고, 분양 촉진책도 써보지만, DSR이라는 걸림돌 때문에 거래가 원활하게 되지 않았습니다.

예를 들어, 실수요자 A씨가 오피스텔을 분양받더라도 DSR 계산이 실제 분할상환액이 아닌 원금을 8년으로 나눈 금액으로 계산되니, DSR 수치를 만족하기 어렵습니다. 이런 문제 때문에 건설업계는 오피스텔의 DSR 계산을 주택처럼 분류해달라고 건의했고, 정부에서는 건설업계를 살리고자 오피스텔도 주택처럼 계산되도록 변경해주었죠.

정책이 변경되는 배경을 알게 되니 흥미롭지 않나요? 항상 어떤 정책이 나오면 그대로 받아들이는 것이 아니라, 왜 이런 정책이 시행되었는지 배경을 알면 전체적인 상황을 이해하는 데 도움이 됩니다.

두 번째 방법은 신용대출을 10년 분할상환으로 변경하는 것입니다. 대출상담을 해보면 DSR 수치를 맞추지 못하는 경우의 절반은 신용대출 때문입니다. 신용대출의 경우 대출원금을 5년으로 나눈 금액이 DSR 계산 시에 원금으로 계산되기 때문에 비주택(8년)보다도 부담이 큰데요.

정부에서는 이런 경우에 분할상환으로 변경 시, 대출기간 10년까지는 분할상환액을 DSR 계산에 적용되도록 했습니다. 예를 들어, A씨가 1억 원의 신용대출을 대출기간 1년, 이자율 5%에 받고 있다고 해보겠습니다. A씨의 대출기간을 10년 분할상환으로 변경한다면, DSR 계산 시에 원리금상환액이 어떻게 바뀔까요?

먼저 첫 번째 경우에는 원금 2,000만 원과 이자 500만 원을 합한 2,500만 원이 원리금상환액입니다. 분할상환으로 변경했을 때는 원금 1,000만 원과 이자 500만 원을 합한 1,500만 원이 원리금상환액이죠. 무려 1,000만 원이라는 금액이 줄어드니 DSR 계산할 때 많이 유리해지겠죠?

이번에는 DSR 제외되는 대출에는 어떤 것이 있는지 한번 알아보도록 하겠습니다.

DSR 제외되는 대출에는 대표적으로 전세자금대출, 중도금대출, 이주비대출, 서민금융상품(햇살론, 사잇돌), 정부정책 자금대출(디딤돌대출, 보금자리론) 등이 있습니다. 정부에서 이러한 대출은 DSR 적용에서 예외로 두었습니다.

DSR 제외 대출

- 분양주택 중도금대출, 재건축·재개발주택 이주비대출, 추가분담금 중도금대출
- 비주택 부동산 분양 중도금대출, 재건축·재개발 이주비대출, 추가분담금 중도금대출
- 서민금융상품(햇살론, 사잇돌)
- 300만 원 이하 소액대출
- 전세자금대출(전세보증금 담보대출은 제외)
- 주택연금(역모기지론)

- 정부, 공공기관, 지자체 등과 이차보전 등 협약대출
- 자연재해 등 정부 정책 등에 따라 긴급하게 취급하는 대출
- 상속, 채권보전을 위한 경매 참가 등 불가피하게 대출 채무인수하는 경우
- 차주(借主, 돈이나 물건을 빌려 쓴 사람) 상환 부담 경감, 채무상환을 지원하기 위한 목적으로 이자 감면, 조건 변경하는 경우
- 주담대는 일시 또는 분할상환을 10년 이상 분할상환으로 전환하는 경우에만 해당

마지막까지도 DSR 계산에 포함될 뻔한 대출이 있습니다. 바로 전세자금대출입니다. 초안은 전세자금대출도 DSR에 포함시키는 것으로 진행했으나, 여론이 안 좋아지자 막판에 빠졌는데요. 전세자금대출은 집을 살 형편이 안 되는 서민들이 전세금을 마련할 목적으로 받는 대출인데, 이마저도 못 받게 되면 다 월세 살라는 거냐며 이의를 제기했죠. 그러자 막판에 전세자금대출은 DSR 계산에서 빠졌는데요. 그럼에도 전세보증금담보대출은 DSR에 포함되었습니다.

전세자금대출과 전세보증금담보대출은 무슨 차이일까요? 쉽게 말씀드리면 전세자금대출은 전셋집에 입주할 때 받는 대출이고, 전세보증금담보대출은 이미 입주한 전셋집의 전세보증금을 담보로 받은 대출입니다.

주택자금대출과 비교하면 전세자금대출이 주택 구입자금, 전세보증금담보대출이 생활안정자금이라고 생각하셔도 좋을 것 같습니다. 정부의 의도는 전세를 구할 때 돈이 부족해서 대출을 받는 것은 어쩔 수 없다고 하더라도, 이미 본인 자금으로 전세를 구한 후에 대출을 받는 것은 DSR에서 제외시킬 만한 사유가 없다고 본 것 같습니다.

주의해야 할 것은 DSR에서 제외되는 대출도 다른 대출을 받을 때는 DSR 계산에 포함된다는 것입니다. 예를 들어, 전세자금대출을 받을 때는 DSR계산을 하지 않지만, 추가로 신용대출을 받을 때는 기전세자금대출이 DSR 계산에 포함되는 것입니다. 이럴 때는 신용대출을 먼저 받고, 전세자금대출을 나중에 받는 것이 DSR 계산에 유리합니다. 반대로 하면 신용대출을 받을 때, 기전세자금대출도 DSR 계산해야 하니까요. 어떤 순서로 받아야 DSR 계산에 유리한지 아셨죠?

주택담보대출 실전

13
신용대출이 많은데
주택담보대출을 받을 수 있나요?

A씨는 분양받은 아파트에 입주를 위해 아파트 잔금대출을 받으려고 합니다. 은행에 찾아갔더니 LTV 한도는 나오나 신용대출이 많아서 은행원이 난색을 표하는데요. 신용대출을 먼저 상환하고 오거나 DSR 40%에 맞춰서 대출금액을 줄여야만 가능하다고 합니다. A씨는 당연히 LTV 범위 내에서 대출을 받을 수 있을 것이라고 생각했는데, 갑자기 자금 상황에 차질이 생겼습니다. 어떻게 하면 좋을까요?

예전에는 분양받을 때 계약금만 있으면 대출로 아파트 잔금을 치르는 것이 가능했습니다. 예를 들어, 아파트를 5억 원에 분양을 받으면 계약금 10%인 5,000만 원은 본인 돈으로 납부합니다. 그리고 나머지 60%는 은행의 중도금대출로 충당하죠. 아파트 준공 시점에 잔금 30%는 잔금대출을 받아서 납입하는데요.

여기서 잠깐! 가끔 중도금대출을 유지한 채, 잔금대출도 추가로 대출을 받을 수 있는 것이 아니냐고 물어보시는 분들이 계시는데요. 결론부터 말씀드리면, 안 됩니다. 아파트 잔금대출을 취급할 수 있는 조건은 건설사에서 여러분 앞으로 아파트의 소유권이 넘어가야 가능합니다. 소유권이 넘어가기 위해서는 계약금, 중도금, 잔금까지 모두 납입이 되어야만 하죠. 먼저 중도금대출을 받아서 아파트 중도금을 납입했기 때문에 아파트가 다 지어지면 중도금대출을 갚아야 하는데요. 중도금대출을 제때 갚지 않으면 은행에서 대출을 갚으라고 독촉하고, 연체정보가 등록되기도 합니다. 그래서 중도금대출과 잔금대출은 동시에 존재할 수는 없는 것입니다.

계약금 10%만 가지고 아파트를 구입할 수 있으려면, 아파트 잔금대출을 분양가의 90%만큼 받아야 가능한데요. 과거에는 어떻게 가능했는지 말씀드릴게요. 예전에는 대출도 규제가 적어서 대출받기도 수월했지만, 분양받는 시점보다 잔금 시기에 시세가 올라가면서 대출이 많이 나왔습니다.

예를 들어, 경기지역의 분양가 5억 원짜리 아파트가 있습니다. 우리나라는 보통 선분양제도를 택하고 있기 때문에, 아파트가 지어지기 전에 분양을 먼저 받습니다. 그래서 아파트를 분양 받은 후 2~3년 후에 아파트가 완공됩니다. 이렇게 기간 차이가 생기다 보니 실제로 분양받는 시점과 아파트가 다 올라가서 입주하는 시점의 가격 차이가 발생하게 됩니다. 5억 원의 아파트가 완공 시점에는 7억 원이 되었습니다. 3년 사이에 무려 2억 원이 오른 것이죠.

이제 우리가 앞에서 배운 LTV라는 개념을 활용해서 대출가능금액을 계산해보겠습니다. '대출가능금액 = 담보가액 × LTV(담보인정비율)'인데요. 앞에서는 제가 단순히 담보가액을 매매가로 넣었는데요. 이번에는 분양가는 5억 원인데, 시세가 7억 원입니다. 어떤 것을 담보가액으로 넣으면 될까요? 바로 시세입니다. 은행에서는 대출 금액을 계산할 때 시세를 기준으로 감정하기 때문에 분양가 5억 원이 아닌 시세 7억 원으로 대출금액을 계산합니다. LTV 70% 기준으로 보면, 7억 원의 70%인 4억 9,000만 원까지 대출이 가능하게 된 것이죠. 거의 분양가만큼 대출이 다 나오네요? 이러니까 계약금만 있으면 아파트를 분양받을 수 있었다고 한 것입니다.

그럼 지금은 어떨까요? 먼저, 예전만큼 시세가 다이내믹하게 상승하지 않기 때문에 분양가와 시세 간의 괴리가 좁혀졌습니다. 분양을 받은 시점과 아파트가 완공되는 시점 사이에 시세 차이가 크지 않은 것이죠. 그렇다고 분양가보다 가격이 내려가는 경우는 드뭅니다. 기본적으로 아파트 분양가는 주변 시세보다 저렴하기 때문이죠. 또한, 시간이 지날수록 물가상승률 때문에 아파트의 분양가는 올라갈 수밖에 없습니다.

지금 분양한 아파트가 3년 후에 분양하는 아파트 가격보다 저렴할 수밖에 없는 것이죠. 그 이유는 인플레이션 때문입니다. 최근에도 부동산 가격은 하락했지만, 건축자재 및 인건비, 그리고 금융비용은 많이 올라갔습니다. 건설 인부들의 하루 일당이 30만 원을 넘고, 철근 가격도 20~30%가 올랐다고 합니다. 금리가 상승한 것은 말할 것도 없고요. 그래서 청약은 항상 옳다고 여러 부동산 전문가들이 말을 하는 것입니다.

앞에서 가계대출규제의 끝판왕 DSR을 말씀드렸던 것 기억하시죠? LTV를 충족하더라도, 최종관문인 DSR을 충족하지 못해 대출 가능금액이 적게 나오기도 합니다. 특히, 신용대출이 많은 경우 대출이 많이 나오지 않습니다. 한번은 아파트를 계약하셨는데, 신용대출이 많아서 대출이 어렵다는 통보를 받아서 전전긍긍하고 계신 고객님을 상담했는데요. 은행에서는 신용대출을 갚고 와야 한다고 했다는 거예요. 이분께서는 5억 원의 아파트를 구입하신 후에 3억 원 정도만 대출을 받으시면 되는 상황이었는데, 기존에 가진 신용대출 5,000만 원 때문에 대출이 2억 원 정도밖에 나오지 않아서 1억 원이 모자란 상황이었죠.

이런 경우에는 아파트잔금대출을 받을 때, 신용대출을 상환하는 조건으로 대출을 받으면, 기존 신용대출의 DSR 계산은 신경 쓰지 않아도 되는데요. 이 정보는 은행원들도 잘 모르는 경우가 있더라고요. 이분처럼 은행원이 잘못 안내해준 상황이죠. 앞에서 제가 은행원이라고 모두 맞는 말을 하는 것은 아니라고 말씀드렸습니다. 실수할 수 있는 것이죠. 결국 이분께서는 아파트의 매매가인 70%, 3억 5,000만 원 대출을 받으셨습니다. 신용대출 금액 5,000만 원을 상환하는 조건으로 DSR을 충족할 수 있었죠.

신용대출뿐만 아니라 다른 대출도 마찬가지입니다. 대출을 받을 때 기대출 상환조건으로 하면, 기대출이 DSR 계산에서 제외되니 꼭 기억하시기 바랍니다.

14
소득이 없는 주부입니다. 대출을 받을 수 있나요?

DSR이 전면 시행되면서 주부, 무직자, 퇴직자 등 소득이 없는 사람은 대출을 받기가 어려워졌습니다. 소득이 있는 자에게만 대출을 취급하도록 하는 것이 DSR의 취지니까요. 그런데 한편으로는 '소득이 부족하니까 대출이 더 필요하지 않을까?' 하는 생각이 들었습니다. 창구에서 대출상담을 해보면 고소득자보다 저소득자들이 대출이 필요한 경우가 더 많습니다. 생활비라든지 긴급자금 등으로 말이죠. 고소득자가 대출을 받는 이유가 부동산 구입, 사업 등 생산적인 이유라면, 저소득자는 대출을 받아서 보통 생계자금으로 사용합니다.

다행히 정부에서는 뚜렷한 소득이 없더라도 간접적으로 소득을 증빙하는 방법을 마련해놨습니다. 소득이 없더라도 대출을 받을 수 있는 길을 열어둔 것이죠. 정말 다행이죠? 이제부터 그 방법에 대해서 구체적으로 알아보도록 하겠습니다.

소득의 종류는 크게 3가지가 있습니다. 증빙소득, 인정소득, 신고소득인데요. 증빙소득은 우리가 아는 근로소득이나 사업소득을 말합니다. 가장 대표적인 소득이죠. 보통 직장인들은 재직증명서+근로소득원천징수영수증(또는 소득금액증명원)으로 소득을 증빙하고, 사업자는 사업자등록증+소득금액증명원으로 소득을 증빙합니다. 하지만 주부, 무직자, 퇴직자 등 소득이 없는 사람들은 이런 증빙 소득이 없죠. 이런 경우에 예외적으로 인정소득이나 신고소득으로 소득증빙을 할 수 있습니다.

그럼 인정소득과 신고소득이 무엇인지 알아보겠습니다. 인정소득은 국민연금, 건강보험료 같은 것들로 소득증빙을 하는 것입니다. 예를 들어, 건강보험료의 경우 '연소득 환산=최근 월 납부 보험료(3개월 평균)/보험료율×12월', 산식으로 연소득을 계산합니다. 예를 들어보겠습니다. 월 납부 보험료가 10만 원, 보험료율(2023년 기준) 7.09%일 때, 연소득 환산금액을 계산해보겠습니다. 10만 원/7.09%×12=16,925,246원입니다. 건강보험료로 계산한 인정소득이 약 1,700만 원 정도로 나오네요. 이 경우에 뚜렷한 소득이 없더라도 1,700만 원만큼은 소득으로 인정받을 수 있습니다. 단, 주의해야 할 것은 건강보험료의 경우 원칙적으로 지역 세대주만 가능합니다. 여러분이 세대원이라면 인정소득으로는 증빙을 할 수가 없는 것이죠. 그럼 내가 세대원이라 인정소득으로 증빙하지 못한다면 어떻게 해야 할까요? 신고소득이라는 제도를 활용할 수 있는데요.

신고소득도 여러 가지가 있지만 신용카드 사용액과 소득예측모형 2가지를 가장 많이 사용합니다. 먼저, 신용카드 사용액부터 알아보 겠습니다. 여러분, 신용카드(체크카드) 많이 사용하시죠? 성인 대부 분은 신용카드를 사용합니다. 요즈음에는 현금을 거의 사용하지 않 습니다. 그래서 현금을 받지 않는 상점이 늘어나고 있는 추세입니 다. 얼마 전 버스를 타려고 하는데 버스에 현금 없는 버스라고 써 있 어서 놀란 기억이 납니다. 점점 현금 사용이 사라지는 추세임을 다 시 한번 느낄 수 있었죠.

다시 돌아와서 신용카드증빙은 신용카드 사용금액으로 연소득을 추정하는 것입니다. '최근 1년간 개인 신용카드(체크 카드 포함)/신 용(체크)카드 사용률'로 연소득을 계산합니다. 신용카드 사용률이 란, 사람들이 연소득 대비 얼마나 신용카드를 사용하는지에 대한 수 치를 통계 낸 것인데요. 2021년 기준 신용카드 사용률은 42.0%입니 다. 그럼 그 수치를 이용해서 연소득을 계산해볼까요?

일단 총사용금액을 먼저 알아야겠죠? 이것은 카드사마다 요청해 서 발급받아야 하는데요. 대부분의 사람들이 카드 한 장만 사용하 시는 게 아니라, 여러 장의 카드를 사용합니다. 카드사마다 혜택이 다르기도 하고, 대출을 받으며 우대금리를 받기 위한 최소 금액을 위해서 등 여러 가지 이유가 있습니다. 어쨌든 이렇게 카드 사용금 액을 다 모으면 총사용금액이 나옵니다. 예를 들어, 총사용금액이

2,000만 원이라고 해보겠습니다. 2,000만 원의 신용카드 사용금액에 신용카드 사용률 42.0%를 나눠줍니다. 약 4,761만 원이라는 수치가 나오네요. 이런 경우에는 4,761만 원의 연소득을 인정받을 수 있는 것입니다.

하나 주의할 것이 있습니다. 신용카드를 많이 사용한 경우인데요. 예를 들어, 신용카드 사용금액이 5,000만 원이라고 해보겠습니다. 신용카드 사용금액 산식에 대입하면, 5,000만 원 나누기 42.0%는 약 1억 2,000만 원이 되는데요. 여기서 퀴즈! 그럼 1억 2,000만 원이 모두 소득금액으로 인정될까요? 정답은 아닙니다. 왜냐하면 인정소득, 신고소득은 최대 5,000만 원까지만 증빙할 수 있기 때문입니다. 근로소득이나 사업소득은 최대치가 없습니다. 반면에 인정소득, 신고소득은 5,000만 원의 한도가 있다는 것을 꼭 기억하시기 바랍니다.

신용카드도 사용하지 않는다면 어떻게 할까요? 소득예측모형추정으로 소득 계산이 가능합니다. 소득예측모형추정이란, 신용정보 회사의 소득 추정액을 끌어와서 사용하는 것입니다. 우리나라의 대표적인 신용정보회사는 나이스신용정보(NICE)와 코리아크레딧뷰로(KCB)입니다. 두 회사가 양분하고 있죠. 신용정보회사는 고객의 신용등급과 신용점수를 매기는 곳입니다. 또한, 신용정보 데이터를 기반으로 소득을 추정합니다. 은행에서 이 회사들이 추정한 소득을 이용합니다. 이 추정소득을 소득으로 인정해주는 것이죠. 신용정보회사에서 어떤 기준으로 소득을 추정하는지 정확하지 않습니다. 아마도 이전 직장 소득, 건강보험료 등 여러 수치를 종합해서 추정하지 않을까 예상할 수 있습니다.

신고소득, 인정소득을 사용할 수 있는 조건이 있다?

아쉽게도 인정소득과 신고소득을 항상 사용할 수 있는 것은 아닙니다. 다음과 같은 경우에만 제한적으로 사용할 수 있습니다.

첫째, 부부합산 소득이 2,400만 원 이하인 경우
둘째, 연소득이 없는 것으로 간주되는 퇴직자 또는 연소득이 없는 것으로 추정되는 직장가입자의 피부양자인 경우
셋째, 전년도 또는 당해 연도 사업개시 했으나 입증서류가 발급되지 않은 사업소득자의 경우

모두 소득이 없거나 증빙하기 어려운 경우인데요. 여러분께서 만약 소득이 적거나, 사업을 시작하신 지 얼마 안 되어서 소득증빙이 어렵다면 인정, 신고소득을 이용하셔서 대출을 받으시길 추천해드리겠습니다.

15
소득 합산, 그것이 궁금하다

앞에서는 소득이 없는 경우에 소득을 증빙할 수 있는 방법에 대해서 알아봤는데요. 이번에는 여러 소득이 있는 경우입니다. 실제로 대출 상담을 하다 보면 이런 분들이 종종 계시는데요. 요즈음 N잡 시대이잖아요? 요즈음에는 낮에는 회사에서 근무하고, 퇴근 후에는 스마트스토어 같은 부업을 하는 분들도 많습니다. 온라인 사업은 시간과 장소를 불문하기 때문에 가능한 일이죠.

은퇴하신 후에 재취업을 한 노인들도 많습니다. 만 65세가 되면 나라에서 국민연금이 나옵니다. 직장생활을 오래 하신 분들은 100만 원 이상 나오기도 하더라고요. 물론 공무원 또는 군인같이 공직생활을 하신 경우에는 훨씬 더 많은 연금소득이 발생합니다. 예전에는 은퇴 후에 따로 구직활동을 하지 않고, 손주를 보거나 취미활동을 하며 여생을 보냈습니다. 그런데 지금은 아닙니다. 시대가 바뀌었습니다. 우스갯소리로 일흔 살 미만은 노인정에 출입도 못 할 나이라고 합니다. 그만큼 평균수명도 늘어났고, 건강 연령도 늘어났죠. 또한, 정부에서 노인들을 위한 일자리를 많이 만들고 있는 것도 한몫할 것입니다. 예전에는 나이 든 분들이 할 수 있는 것이라곤 아파트 경비밖에 없었습니다. 하지만 지금은 정부에서 만든 공공 일자리 때문에 전보다 노인 일자리가 많아졌죠.

이처럼 여러 소득이 있는 경우에는 소득 합산이 가능한데요. 예를 들어, 근로소득이 6,000만 원, 사업소득이 3,000만 원이라면 총 9,000만 원의 소득이 인정받을 수 있습니다. 얼마 전 대출을 받으셨던 분도 근로소득은 연 3,000만 원밖에 안되지만, 사업소득이 연 1억 원이 넘으셨는데요. 그러면 총 1억 3,000만 원의 소득으로 인정될까요?

그렇지는 않습니다. 근로소득은 수입금액 모두가 소득으로 인정되지만, 사업소득은 수입금액이 아니라 소득금액으로 소득을 계산해야 하기 때문입니다. 이게 무슨 소리냐면, 사업소득은 총수입금액 중에 필요경비를 제외해야 진짜 소득금액으로 나옵니다. 예를 들어서 말씀드리겠습니다. 여러분이 스마트스토어에서 1만 원짜리 연필세트를 판매합니다. 이 연필세트는 여러분이 5,000원에 도매상에서 구입한 건데요. 만약 여러분이 100세트를 판매한다면 총수입금액은 100만 원이 됩니다. 여기서 필요경비인 원가 50만 원 및 기타비용을 제외해야 소득금액이 되는 것이죠. 그래서 사업소득은 수입금액이 아닌 소득금액으로 소득계산을 하는 것입니다.

배우자 간의 소득 합산도 가능한가요?

앞에서는 차주 간의 소득 합산 방법에 대해서 정리해봤는데요. 이번에는 부부간의 소득 합산 방법입니다. 요즈음 대부분의 가정은 맞벌이를 합니다. 물가도 오르고, 아이들 교육비 때문에 외벌이로는 감당이 안 되는 게 현실입니다.

이렇게 맞벌이를 하는 경우에는 주택담보대출 시 소득 합산이 가능합니다. 부부간의 소득을 합산할 수 있게 한 것이죠. 예를 들어, 남편의 소득이 3,000만 원, 배우자의 소득이 2,000만 원이라면 총 5,000만 원의 소득을 인정받습니다. 만약 남편의 소득이 3,000만 원, 배우자의 소득이 3,000만 원이라면 어떨까요? 그럼 6,000만 원으로 소득이 인정될까요? 그렇지는 않습니다. 왜냐하면 합산에 따른 연소득 금액은 5,000만 원을 초과할 수 없기 때문입니다. 앞에서 인정소득과 신고소득의 최대치가 5,000만 원인 것과 마찬가지입니다(단, DSR 산출 시 연소득금액을 7,000만 원까지 인정 가능).

부부간 소득을 합산하는 경우에는 주의해야 할 점이 있습니다. 소득을 합산하면 부채까지 합산해야 합니다. 만약 배우자가 채무가 많다면 소득을 합산하는 것이 오히려 마이너스일 수도 있습니다. 소득과 부채를 계산해본 후에 어떤 것이 유리할지 결정하는 것이 좋겠습니다.

Part 1 대출 기초부터 탄탄하게,
마인드세팅

Part 2 주택담보대출

Part 3 주택담보대출(실전)

Part 4 주택담보대출(사업자)

Part 5 담보신탁대출

보통 신용대출이 있다면 부부간의 소득 합산이 불리한 경우가 더 많습니다. 앞에서 배운 것처럼 신용대출이 DSR을 많이 잡아먹기 때문이죠.

이럴 땐 부부 중 한 사람이 신용대출을 최대로 받고, 나머지 한 사람이 주택담보대출을 받는 것이 DSR 계산에 유리합니다. 참고하셔서 진행하시기 바랍니다.

16
주택담보대출 당시 규제지역이어서 추가 약정 체결했는데 만약 비규제지역으로 되었다면?

과거 2020년에 부동산 상승이 끝이 없이 이어질 때, 정부에서는 집값을 잡기 위해 거의 모든 수도권지역을 규제지역으로 지정했습니다. 또한, 주택을 갈아타기 위한 용도로 대출을 받을 경우에 기존 주택을 6개월 안에 처분해야 했습니다(현재는 2년으로 변경되었습니다). 이것을 지키지 못하는 경우에는 대출금을 즉시 변제해야 했습니다.

지금 생각해도 6개월이라는 시간은 너무 짧습니다. 왜냐하면 6개월 안에 매매계약뿐만 아니라 소유권 이전까지 해야 하기 때문입니다. 한 가지 질문을 드려보겠습니다. 만약 여러분이 1주택자인데, 기존주택을 처분하고 다른 주택을 구입하고자 합니다. 여러분이라면 기존 주택 먼저 처분하시겠어요? 아니면 새로운 주택 먼저 구입하시겠어요?

앞의 질문에는 정답은 없습니다. 대부분의 전문가들은 부동산 상승기에는 새로운 주택을 먼저 구입하는 것이 유리하고, 부동산 하락기에는 기존 주택을 먼저 처분하는 것이 유리하다고 말합니다. 저도 이 말에 동의합니다. 부동산 상승기에는 쉼 없이 집값이 올라가니 새 집을 먼저 매수합니다. 그래야 기존 주택도 더 비싸게 팔 수 있을 것입니다. 부동산 하락기에는 집값이 내려가니 내 집 먼저 처분합니다. 이후 저렴한 가격으로 새 주택을 구입하는 것이 유리하죠.

이 당시 기존 주택을 처분하기로 약정하고, 새로운 주택을 구입하기 위해 대출을 받았던 분이 계셨습니다. 이 당시만 해도 집값이 계속 올라가고 있으니 새 주택을 먼저 구입하고, 기존 주택을 나중에 처분하고자 했습니다. 그런데 예상치 못하게 부동산 가격이 급격히 얼어붙기 시작했습니다. 거래가 뚝 끊겨버린 것이죠. 추가약정 기일인 6개월은 다가오는데 매수자가 집을 보러는 오지 않고, 고객님께서는 불안해하셨습니다. 저에게 어떻게 하면 좋으냐고, 내가 팔기 싫어서 안 파는 것이 아니라고 푸념하셨죠. 방법 좀 찾아달라고 간절하게 말씀하셨습니다.

너무 안타까웠습니다. 저는 어떻게 하면 도와드릴 수 있을까 고민했습니다. 결국 금융위에 민원을 넣어보기도 했는데요. 천재지변 등 피치 못한 경우에는 주택 처분 기한을 연장할 수 있다는 항목이 있었습니다. 현재 상황이 피치 못한 경우가 아니냐는 내용이었습니다. 며칠이 지나서 금융위원회에서 답변이 왔는데요. 답변은 실망스러

Part 1 대출 기초부터 탄탄하게,
마인드셋팅

Part 2 주택담보대출

Part 3 주택담보대출(설정)

Part 4 주택담보대출(사업자)

Part 5 담보신탁대출

왔습니다. 원론적인 이야기뿐이었습니다. 천재지변으로 볼 수 없다는 것이었죠.

금융위원회 민원

출처 : 금융위원회

하늘이 도운 것일까요? 2021년 11월에 서울 및 수도권 몇 개 지역을 제외하고는 규제지역이 모두 해제된다고 발표가 났습니다. 고객님께서 새로 주택을 구입하셨던 지역도 규제지역에서 풀렸습니다.

저는 재빨리 이런 상황에서는 기존 추가약정을 이행해야 하는지 확인해봤습니다. 결론은 규제지역이 해제된 경우에는 특약 이행을 하지 않아도 된다는 것이었죠. 저는 기쁜 마음으로 고객님께 전화를 드렸습니다. 이 소식을 들은 고객님께서 얼마나 좋아하시던지요.

비규제지역에서 규제지역으로 변경

입주자 모집공고 당시에는 '비규제지역'이었으나, 잔금대출 시점에 규제지역이 되었습니다. 이런 경우에 비규제지역과 규제지역 중에 어떤 규제를 적용할까요?

잔금대출 시점에 규제 현황이 달라진 지역에 대해 종전 규정을 적용할 수 있는 경우는 다음과 같이 3가지 경우입니다.

· 무주택 세대인 경우
· 기존 주택을 처분해 1주택 보유 세대가 되는 것을 조건으로 대출을 받은 경우
· 규제지역 지정 '전' 중도금대출을 받은 다주택자가 규제지역 지정 '후' '증액 없이 중도금대출 잔액 범위 내에서' 잔금대출로 전환하는 경우

17
주택담보대출이 있는 집에 세입자로 들어가도 괜찮을까요?

저는 얼마 전 회사 근처로 이사를 왔습니다. 원래는 차로 30분 거리에 있는 곳에 살았는데요. 출퇴근 시간을 줄이기 위해서였죠. 막상 이사를 오니까 회사와 가까워져서 너무 편하더라고요. 왜 사람들이 그렇게 직주근접을 중요하게 생각하는지 알겠더라고요.

기존 아파트를 매도하고 이사를 가려고 했지만, 부동산 거래가 뚝 끊겨서 거래가 안 되더라고요. 결국 기존 주택은 월세를 주고, 새로운 집에 월세로 이사를 왔습니다. 재미있는 점은 저희 집도 대출이 있었고, 제가 이사 온 집도 대출이 있더라고요. 부모님께서는 대출이 있는 집에 임차인으로 들어간다고 하니 위험한 것 아니냐고 걱정하시더라고요. 여러분께서도 대출이 있는 집에 전월세로 들어가는 경우가 있을 것입니다.

예를 들어, 아파트 시세가 5억 원인데 대출이 4억 원이 있는 집에

99

여러분이 임대차계약을 한다고 해보죠. 이 집에 임차인으로 들어가도 안전할까요? 시세 대비 대출금액이 80% 수준이기 때문에 위험합니다. 보통 시세 대비 대출금액과 보증금의 합이 70% 이내인 것이 좋은데요. 예를 들어, 아파트 시세가 5억 원이라면 대출금액 3억 원, 임차보증금이 5,000만 원정도면 괜찮다고 볼 수 있겠습니다.

3억 원(대출금)+5,000만 원(임차보증금) =< 5억×70%

제가 선택한 집은 시세가 5억 원 정도였습니다. 대출은 1억 원 정도더라고요. 이 정도라면 위험하지 않다고 생각했습니다. 대출금액

최우선변제금 표

구분		지역	우선 변제를 받을 임차인의 범위	보증금 중 우선변제를 받을 일정액의 범위
현행	1호	서울특별시	1억 5,000만 원 이하	5,000만 원 이하
	2호	과밀억제권역, 용인·화성·세종·김포	1억 3,000만 원 이하	4,300만 원 이하
	3호	광역시, 안산·광주·파주·이천·평택	7,000만 원 이하	2,300만 원 이하
	4호	그 밖의 지역	6,000만 원 이하	2,000만 원 이하
개정	1호	서울특별시	1억 6,500만 원 이하 (1,500만 원↑)	5,500만 원 이하 (500만 원↑)
	2호	과밀억제권역, 용인·화성·세종·김포	1억 4,500만 원 이하 (1,500만 원↑)	4,800만 원 이하 (500만 원↑)
	3호	광역시, 안산·광주·파주·이천·평택	8,500만 원 이하 (1,500만 원↑)	2,800만 원 이하 (500만 원↑)
	4호	그 밖의 지역	7,500만 원 이하 (1,500만 원↑)	2,500만 원 이하 (500만 원↑)

출처 : 주택임대차보호법

이 많아도 상대적으로 안전한 경우도 있습니다. 바로 보증금이 적은 경우인데요. 주택임대차보호법에서 정하기로 보증금이 적은 경우에는 앞에 선순위대출이 있다고 하더라도 대출보다 우선해서 보증금을 받을 수 있습니다.

100페이지의 최우선변제금 표를 보면, 서울 지역은 5,500만 원, 일부 지역을 제외한 수도권은 4,800만 원까지는 우선적으로 보호받습니다. 보통 시세 대비 대출이 많은 집은 주변 집보다 임차료가 저렴합니다. 월세가 저렴하다고 바로 계약하지 마시고요. 최우선변제금 이내로 계약을 하셔야 안전하게 보증금을 지킬 수 있습니다.

제 집에 임차인이 있습니다. 대출을 받을 수 있을까요?

앞의 경우는 대출을 먼저 받고, 새로운 임차인이 입주한 경우였습니다. 이번에 살펴볼 사례는 임차인이 있는 집도 대출을 받을 수 있는지입니다. 많은 분이 임차인이 있으면 대출이 아예 안 된다고 생각하시는데요. 제가 정확히 설명해드리도록 하겠습니다.

여러분, 앞에서 생활안정자금대출에 대해서 배웠던 것 기억하시나요? 생활안정자금대출은 내가 그 집에 살고 있어야 대출이 나온다고 생각하실 수 있습니다. 실제로는 꼭 내가 거주하고 있지 않더라도 가능합니다. 임차인이 있는 집을 담보로 대출을 받을 수 있는 것이죠.

예를 들어, 여러분이 보유한 아파트 시세가 10억 원인데, 현재 5억 원에 전세 임차인이 있는 경우에 아파트를 담보로 대출받을 수 있을까요? 가능합니다. 은행은 '담보가액×LTV-선순위채권금액' 산식으로 대출금액을 계산합니다. 위의 경우에는 '10억 원×70%-5억 원=2억 원' 현재 아파트 시세 10억 원에서 70%(비규제지역, 1주택자 기준)를 곱한 후에 현재 보증금 5억 원을 차감하는 것이죠. 그러면 2억 원만큼 대출을 받을 수 있습니다.

이런 대출을 통상 '전세후순위대출'이라고 부릅니다. 임차인이 있는 주택을 담보로 은행이 대출을 취급하는 것입니다. 그럼 대출을 받은 후에 임차인이 들어오는 것과 임차인이 있는 상황에서 대출을 받는 것은 어떤 차이가 있을까요? 은행에서는 큰 차이가 있습니다. 대출을 먼저 받은 경우에는 대출금액이 전세보증금보다 앞서게 됩니다. 반면에 임차인이 있는 상황에서 대출을 취급하면 임차인의 보증금이 대출보다 앞섭니다. 은행의 대출금액은 후순위가 되는 것이죠. 은행 입장에서는 후순위대출이 리스크가 큽니다. 왜 그런지 은행담당자의 시각에서 말씀드릴게요.

예를 들어, 10억 원의 아파트에 전세 5억 원이 있는 집에 은행에서 2억 원의 대출을 취급했습니다. 그런데 소유자가 사정이 어려워져서 대출금을 연체하기 시작했고, 경매에 넘어갑니다. 부동산 경기가 좋을 때는 시세의 100%에 육박하는 금액으로도 경매에 낙찰이 되지만, 경기가 안 좋을 때는 시세의 80%대 이하로 내려가기도 합니다. 만약 부동산 하락기에 시세가 10억 원에서 8억 원으로 내려간다면 낙찰가는 더 낮아집니다. 6억 5,000만 원 정도에 낙찰되었다고 해보죠. 이런 경우에 전세 5억 원이 먼저 배당받고, 은행은 나머지 금액을 배당받습니다. 단순히 계산해도 5억 원을 먼저 배당받으면, 은행에서 가져갈 수 있는 것은 1억 5,000만 원 정도입니다. 결국 은행은 손실을 보게 됩니다.

이런 이유 때문에 1금융권 은행에서는 후순위대출을 지양합니다. 일부 2금융(상호금융, 저축은행)에서만 제한적으로 취급하고 있습니다. 여러분이 전세후순위대출이 필요하다면 1금융권 은행이 아닌 2금융권으로 문의를 하셔야겠습니다.

주택담보대출 사업자

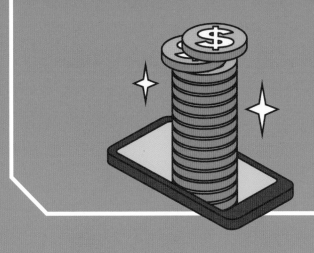

18
신규사업자도 창업자금대출을
받을 수 있을까요?

　여러분이 사업을 하기로 마음먹으셨다면 초기 자본이 필요할 것입니다. 자본금이 미리 마련되어 있다면 좋겠지만, 자본금이 부족한 경우에는 대출을 받아서 초기 자본금을 마련해야 합니다. 초기사업자에게 지원해주는 정책자금대출이 있긴 하지만, 금액이 적고 업종은 제한적입니다. 그래서 실제로 자본금을 마련하기 위해 본인의 주택을 담보로 대출을 받는 경우가 많습니다. 이번 장에서는 신규사업자 대출이 가능한지에 대해서 알아보겠습니다.

　바야흐로 프랜차이즈 전성시대입니다. 예전에는 롯데리아, 맥도날드 같은 일부 패스트푸드점만 프랜차이즈로 운영되었고, 나머지 요식업은 개인이 운영했습니다. 하지만 점점 프랜차이즈화되더니, 대부분의 요식업이 프랜차이즈로 바뀌었습니다. 지금은 동네빵집, 분식집 등 대부분이 프랜차이즈업종입니다. 상황이 이런지라 은퇴 후 개인사업을 하려고 하는 사람들은 프랜차이즈업종을 희망합니다.

매출이 안정적으로 나오기 때문이죠.

하지만 이런 프랜차이즈업종은 초기 투자 비용이 많이 들어갑니다. 본사에서 점포를 내주기 위한 기준이 있기 때문에, 그 기준을 충족해야 하기 때문입니다. 인테리어, 점포 면적 등의 기준 말입니다. 그래서 일반 점포보다 프랜차이즈업종은 초기 자금이 많이 필요합니다. 우스갯소리로 퇴직하면 모두 치킨집 사장이 된다고 했지만, 지금은 치킨집 사장도 아무나 할 수 있는 것이 아닙니다. 초기 창업금이 2~3억 원 정도 들어간다고 하니까요.

결론부터 말씀드리면 신규사업자의 창업자금도 대출이 가능합니다. 어디서 듣고 오셨는지, "사업자를 내고 3개월이 지나야 대출이 가능한 것 아니냐?"라는 말씀을 하십니다. 이것은 잘못된 정보입니다. 사실 3개월이라는 기준이 없는 것은 아닙니다. 이는 자금용도 증빙과 관련이 있는데요. 은행은 3개월이 지나지 않은 업종에 대해 대출을 취급할 때 자금용도증빙을 의무로 하고 있습니다. 이것은 뒤에서 자세히 살펴보겠습니다.

여러분이 프랜차이즈 치킨집을 개업하려고 합니다. 살고 있는 주택을 담보로 대출을 받으려고 하는데요. 앞에서 제가 '기타업종'의 사업자대출은 주택 구입을 제외하고 다른 용도라면 규제가 없다고 말씀드렸습니다. 창업자금도 마찬가지인데요. 그렇기 때문에 만약 살고 있는 주택이 4억 원일 경우, '4억 원×80%=3억 2,000만 원'만큼 대출을 받을 수 있습니다. 다행히도 대출을 받아서 부족한 창업자금을 마련할 수 있겠습니다.

앞에서 기업자금대출의 규제가 없는 대신에 용도증빙이 의무라고 말씀드렸습니다. 예외적으로 법인은 5억 원 이하, 개인사업자는 1억 원 이하로 대출받는 경우는 생략할 수 있습니다. 하지만 사업자 등록 시점이 3개월이 지나지 않은 경우에는 어떠한 경우에도 생략이 불가합니다. 또한, 은행원이 현장 실사까지 가야 하기 때문에 3개월이 안 된 사업자는 더 보수적으로 심사하는 것입니다.

가끔 신규사업자 중에 무늬만 사업자인 분들이 있습니다. 실제 사업을 하기 위해 사업자를 내는 것이 아니라, 대출을 받기 위해 사업자를 내는 경우입니다. 주택담보대출규제를 회피하고자 함인데요. 개인이 가계자금으로 주택담보대출을 받을 때는 DSR도 만족해야 하고, LTV도 최대 70%까지입니다(지역별로 더 낮은 경우도 있죠). 하지만 사업자대출의 경우, 기업대출로 분류되기 때문에 LTV가 80%까지 가능합니다(지역별로 차등 없음). 투기지역은 가계와 기업의 차이가 최대 50%까지 납니다.

예를 들어, 다주택자 A씨가 강남의 20억 원짜리 아파트를 가계자금대출로 받으면 LTV 30%인 6억 원에 불과하지만, 기업대출로 받으면 LTV 80% 16억 원까지 대출이 가능한 것이죠. 가계 자금의 경우 추가로 DSR도 만족해야 합니다. 그래서 소득 및 부채에 따라 실제로는 더 적게 나올 수도 있습니다. 그래서 대출을 많이 받고자 무늬만 사업자를 내고 대출을 신청하는 것입니다.

하지만 주의해야 합니다. 대출을 받은 후에 사업자금으로 사용하지 않는다면 어떻게 될까요? 은행은 3개월 안에 대출 사용 내역을 요구합니다. 그 안에 내역을 제출하지 못하거나, 사업 용도로 사용하지 않았다면 은행은 대출금을 강제 회수합니다. 앞에서 생활안정자금대출 취급 후에 주택을 구입한 사례와 동일한 것이죠. 당장 돈이 필요하더라도 규제를 회피해서 대출을 받는 것은 위험하니 꼭 주의하셨으면 좋겠습니다.

19

법인도 대출이 안 되는 경우도 있다고요?

앞에서 기업자금대출은 2가지 채무자로 나뉜다고 말씀드렸습니다. 바로 개인사업자와 법인인데요. 지금까지 개인사업자 위주로 설명해드렸다면, 이번에는 법인대출에 대해서 말씀드리려고 합니다. 법인이라고 해서 어렵다고 생각하지 않으셔도 됩니다. 제가 쉽게 설명해드릴 테니까 잘 따라오시기 바랍니다.

앞에서 법인은 법으로 정한 사람이라고 말씀드렸습니다. 개인과는 다르게 새로운 행위 주체 하나가 생기는 거라고 말씀드렸죠. 법인은 개인의 주민등록번호에 해당하는 법인등록번호도 생깁니다. 또한, 법인은 개인사업자에게는 없는 재무제표가 있습니다. 재무제표란, 자산과 부채 등 현금흐름을 기록한 표입니다. 개인은 신용점수로 신용도를 파악합니다. 법인은 재무제표를 보고 신용도를 파악하죠. 기업도 신용점수가 있긴 합니다. 하지만 이것도 재무제표를 기준으로 만들어집니다. 그래서 결국 기업을 평가할 때 중요한 것은 재무제표입니다.

그런데 재무제표가 안 좋은 법인도 있습니다. 그런 법인을 결손법인이라고 합니다. 결손이라는 말이 어렵네요. 쉽게 말하면 버는 것보다 많이 쓰는 것을 결손이라고 합니다. 예를 들어, 어떤 법인이 1,000만 원을 벌어서 2,000만 원을 쓰면 1,000만 원 결손인 것이죠. 대부분 법인의 목적은 이윤 추구입니다. 그래서 버는 것보다 더 많이 쓰게 된다면 문제가 있습니다. 이것은 개인 또한 마찬가지입니다. 여러분의 월급이 300만 원인데 매월 500만 원씩 쓴다면 적자입니다. 마이너스가 반복되면 결국 파산하게 되겠죠.

은행은 결손법인 대출을 하지 않으려고 합니다. 여러분이 은행이라면 매년 적자인 회사에 돈을 빌려주실 건가요? 또한 은행은 결손법인에 대출을 취급하면 도리어 손해입니다. 이런 결손법인에 대출을 취급하면 대손충당금을 더 많이 쌓아야 하기 때문입니다. 대손충당금이란, 못 받을 돈을 대비해서 쌓아놓는 적립금을 의미합니다. 은행은 건전성을 높이기 위해 충당금을 쌓는데요.

대출금액 일부를 떼어놓고, 부실에 대비하는 것입니다. 위험성이 낮은 대출은 조금 쌓고, 위험성이 높은 것은 많이 쌓습니다. 결손법인은 위험성이 높은 것으로 분류되죠. 자산건전성 분류 기준에 따라 대손충당금 적립 비율이 다릅니다. 대출의 위험도에 따라 정상, 요주의, 고정, 회수의문, 추정손실 이렇게 5가지로 분류합니다. 위험도에 따라 대출금액의 1%에서 100%까지 충당금을 쌓게 되죠.

예를 들어, 대출이 1억 원일 때 정상으로 분류하면 100만 원의 충당금만 쌓으면 됩니다. 반면에 결손법인에 대출을 하면 대출금의 10%인 1,000만 원을 충당금으로 적립해야 합니다. 한번 적자(결손)가 났다고 대출이 안 되는 것은 아닙니다. 사실 사업하다 보면 적자가 날 수도 있습니다. 특히, 코로나 같은 위기 상황에서는 많은 회사가 적자였습니다. 은행마다 기준이 다르지만 보통 3년 연속 결손이 나는 경우에 충당금을 많이 쌓게 됩니다. 여러분 회사가 이번 연도에 적자가 났다면, 다음 연도에는 적자가 나지 않는 것이 좋겠죠. 최악의 경우에는 은행에서 대출금 상환을 요구할 수도 있으니까요.

결손법인과 다르게 한 번만 발생해도 대출이 안 되는 경우도 있습니다. 바로 자본잠식입니다. 자본잠식이란, 자본금 자체가 아예 없어지는 것을 말합니다. 여러분이 법인을 설립하면 초기 자본금이 있습니다. 초기 자본이 있어야 사업을 할 수 있으니까요. 예를 들어, 여러분의 법인의 자본금이 1,000만 원이라고 해보겠습니다. 만약 1,500만 원 적자가 난다면 여러분 회사의 자본금은 없어질 것입니다. 이런 상황을 자본잠식이라고 합니다.

법인이 자본잠식이 된 경우에는 바로 충당금을 쌓게 됩니다. 결손보다 더 중대한 사유라고 보는 것입니다. 그래서 자본잠식만큼은 생기지 않도록 관리해야 합니다.

자본잠식이 생기더라도 해소할 수 있는 방법은 있습니다. 바로 자본금 증자입니다. 아까 사례에서 1,000만 원이던 자본금을 2,000만 원으로 증자할 수 있습니다. 그럼 1,500만 원 적자가 나더라도 자본금이 마이너스되는 상황은 피할 수 있습니다.

정리하자면 법인은 대출 받을 때 재무제표가 중요합니다. 그래서 재무제표를 잘 관리해야합니다. 담보가 아무리 훌륭하더라도 재무제표를 관리하지 못하면 대출을 받기 어려운 것이죠.

20

가계담보대출을 받은 후에
사업자대출을 받을 수 있을까요?

상호금융기관은 주 고객이 그 지역 사람들입니다. 제가 입사한 지 10년이 되었는데요. 저보다도 훨씬 오랫동안 거래를 해오신 고객들도 많습니다. 한번은 지역에서 30년 넘게 부동산 중개사무소를 운영하고 계신 손님께서 대출을 받으러 오셨습니다. 부동산 경기가 워낙에 어렵다 보니 생계자금 및 운전자금 등으로 사용하기 위함이었죠.

월세가 꼬박꼬박 나오는 다가구주택을 소유하고 있었기 때문에 대출은 충분히 가능할 것 같았습니다. 그런데 막상 등기부등본을 떼어보니 이미 대출이 3억 원 정도 있으셨습니다. 이분이 가지고 계신 다가구주택의 시세는 10억 원 정도였는데요. 주택가격에 비해 기존 대출금액이 크지 않았던 것이죠. 그래서 추가로 대출을 취급하는 데 어려움이 없을 것이라고 생각했습니다. 그런데 문제가 생겼습니다.

기존에 은행에서 받은 대출이 가계대출이었던 것입니다. 은행은

115

대출을 취급하기 전 채무자의 신용 조회를 합니다. 대출을 취급할 수 있는지 판단하기 위함이죠.

이해가 가지 않았습니다. 이분은 30년 넘게 부동산 중개업을 하셨다고 했습니다. 개인사업자이기 때문에 기대출이 당연히 사업자대출(기업대출)이라고 생각했습니다. 사실 이런 소호사업자는 대출의 사용 용도가 애매한 경우가 많습니다. 개인사업자들은 법인과는 다르게 따로 회계처리를 하지 않습니다. 사업자금과 생활자금의 경계가 분명하지 않습니다. 또한, 사업자라고 할지라도 사용 용도가 가계자금이라면 가계자금대출을 받을 수 있습니다.

문제는 현재 대출규제상 기업대출로 가계대출을 상환할 수 없다는 것입니다. 앞에서 운전자금 증빙에 대해서 말씀드렸던 것기억하시죠? 기업대출은 자금 증빙을 해야 하는데, 가계자금 상환을 증빙 목적으로 할 수는 없습니다. 이분께서는 일부 생활비 목적도 있었기 때문에 가계자금대출로 해보려고 했지만 DSR 충족이 안 되더라고요. 사업자는 근로소득자와 다르게 인정되는 소득금액이 작기도 하고, 경기가 어려워서 소득금액도 크지 않았기 때문입니다.

결국 사장님께 기존대출이 가계대출이라 대출이 어렵다고 전해드렸는데요. 고객님께서는 대출이 꼭 필요하다며 어떻게 방법이 없냐고 물으셨죠. 대출규제의 부작용이라고 할까요? 대출규제의 목적이 소호 자영업자들이 대출을 못 받게 하기 위함이 아닌데 말이죠. 매번 느끼지만 규제는 완벽할 수 없는 것 같습니다.

고민 끝에 가계대출을 둔 채로 사업자대출을 취급하기로 했습니다. 앞에서 설명해드렸던 전세후순위대출 기억하시죠? 이것도 마찬가지입니다. 기존의 가계대출을 남겨두고 사업자대출을 하는 것이죠. 사장님께서 필요자금이 1억 원 정도셨는데, 기대출이 3억 원이었으니 담보가액은 충분했습니다. '10억×80% - 기대출 3억 원 - 기존 주택 보증금 2억 = 대출가능 금액 3억 원'이 나오더라고요.

결국 기존대출을 유지한 채 1억 원의 대출을 해드렸습니다. 고객님께서는 정말 고맙다며 감사 인사를 하셨습니다. 대출 일을 하면서 이럴 때 참 뿌듯합니다. 그런데 이렇게 대출을 해드리는 것은 극히 드문 사례입니다.

앞에서 말씀드렸지만. 후순위대출은 은행 입장에서 리스크가 크기 때문이죠. 규정상 할 수 있더라도, 결재권자의 승인이 안 납니다. 그래서 이런 대출은 2금융권에서 주로 취급하는데요. 당연히 대출금리가 조금 높을 수는 있겠지만, 자금이 꼭 필요한 경우에는 활용할 수 있겠습니다.

21
RTI가 안 나옵니다. 그래도 대출을 받을 수 있을까요?

앞에서 주택임대사업자와 매매사업자는 일반업종과는 다르게 다른 대출 규제를 적용받는다고 말씀드렸습니다. 그중에서 임대사업자에 대해서 설명해드리려고 하는데요. 이번에 설명해드릴 내용은 주택, 비주택 모두 해당되는 내용이니 현재 임대사업자시거나 임대사업에 관심이 있으시다면 주목해주시기 바랍니다.

앞에서 제가 가계자금대출규제의 끝판왕을 DSR이라고 설명해드렸던 것 기억하시나요? 가계자금대출에 DSR이 있다면, 임대사업자 대출에는 RTI가 있습니다. RTI는 'Rent to interest'의 약자로 '임대업이자상환비율'이라고 합니다. 임대료를 받아서 이자를 낼 수 있는지를 확인하는 수치죠. 앞에서 DSR이 소득 대비 모든 원리금의 대출 비율을 나타냈다면, RTI는 임대료를 받아서 이자를 낼 수 있는지를 측정하는 수치라고 생각하시면 이해가 빠르겠습니다. RTI는 비주택은 1.5배, 주택은 1.25배를 충족해야만 대출이 가능합니다.

예를 들어보겠습니다. 여러분께서 매매가 3억 원짜리 상가를 매입하려고 합니다. 현재 월세가 150만 원 나오는 상가인데요. 내 돈 6,000만 원에 매매가의 80%만큼 대출을 받아서 상가를 구입하려고 합니다. 대출이자율이 5%라면 연이자가 1,200만 원입니다. 매월 대출이자가 100만 원이네요. 그럼 이제 RTI를 계산해보겠습니다. 150만 원(월세)/100만 원(대출이자)=1.5배입니다. 1.5배 이상이므로 RTI 기준을 충족합니다. 조금만 대출이자가 많거나, 월세가 적었다면 RTI를 충족하지 못하겠네요.

이번에는 주택으로 예를 들어보겠습니다. 여러분이 매매가 3억 원짜리 주택을 구입하려고 합니다. 현재 월세가 100만 원 나오는 주택입니다. 앞에서 말씀드린 것처럼 주택임대사업자는 LTV가 60%입니다(비규제지역 기준). 그래서 1억 8,000만 원이 대출이 가능한데요. 대출이자율이 5%라면 월 이자가 75만 원 정도 나옵니다. RTI 계산식에 넣어보면 '100만 원/75만 원=1.33'으로 주택의 RTI 기준인 1.25배를 넘습니다. 이 경우에도 대출이 가능한 것이죠.

제가 너무 대출이 잘되는 사례만 소개해드렸나요? 실제로 현장에서는 RTI 수치를 충족하는 게 여간 어려운 게 아닌데요. 그 이유는 대출이자가 많이 올라갔기 때문입니다. 최근에 금리가 급격하게 인상된 것이 주요 원인이죠. 결국 RTI를 계산할 때 분모인 연간 이자 비용이 많이 늘어난것입니다. 그에 반해 연간 임대소득인 월세 비용은 변동이 크지 않았습니다.

주택 같은 경우에는 전세 기피 현상 때문에 월세 수요 급증으로 가격이 올라가기는 했지만, 이자 비용이 올라간 것에 비하면 미비했습니다. 상가는 더 심각한데요. "임차인 구하기가 하늘의 별 따기다", "이제 임차인이 갑이다" 등 코로나로 인해 오프라인에서 온라인으로 쇼핑 트렌드가 바뀌면서 도리어 공실이 많아졌습니다.

다행히 RTI 충족이 안 되더라도 예외적으로 대출이 가능한 경우가 있습니다. 이것을 잘 알고 계시면, 여러분께서 임대사업자로 대출받을 때 유리하실 것 같은데요. 하나씩 설명해드리도록 하겠습니다.

첫 번째, 감정평가사 또는 인근 부동산 중개사무소에서 제시한 추정 임대가액을 사용하는 경우입니다. 이 방법은 건축물이 공실인 경우에 사용할 수 있는 방법인데요. 건축물을 신축했거나, 소유하고 있는 건축물이 공실이라면 당연히 RTI를 만족할 수 없을 것입니다. 임대소득이 발생하지 않으니까요. 이런 경우에 예외적으로 공신력 있는 기관에서 제시하는 시세 자료를 인정할 수 있게끔 하는 것이죠.

해당 물건은 공실이라 임대소득이 발생하지 않지만, 건물의 면적, 위치, 층수 등을 고려했을 때 이 정도 시세라는 것을 나타내는 것이죠. 부동산의 가격을 산정하는 감정평가사 또는 주변의 시세를 제일 잘 알고 있는 공인중개사의 의견을 받아서 임대료를 추정하는 것입니다. 하지만 이 수치는 70% 범위 이내에서만 인정할 수 있습니다. 추정자료를 인정하는 것이기 때문에 다 인정해줄 수는 없다는 것이죠.

두 번째, 대출을 받을 때 변동금리가 아닌 고정금리로 받는 방법입니다. 그 이유는 스트레스금리 때문입니다. 스트레스금리란, 변동금리로 대출을 받을 경우 금리가 올라가는 것을 미리 대비하는 것인데요. 예를 들어, 여러분이 5%의 이자율로 대출을 받았습니다. 만약 변동금리라면, 스트레스금리 1%를 가산해서 6%로 RTI를 계산합니다. 안 그래도 대출이자율이 많이 올라서 대출받기 힘든데 스트레스금리까지 가산하면 수치를 만족하기 어려울 것입니다. 이 스트레스금리는 변동금리에만 적용됩니다. 고정금리는 기준금리가 올라가든, 내려가든 금리가 고정되어 있기 때문에 스트레스금리를 적용할 필요가 없기 때문입니다. 결론적으로 변동금리보다는 고정금리로 대출을 받았을 시에 RTI 계산에 더 유리합니다.

세 번째, 사업자가 아닌 법인으로 대출을 받는 방법입니다. 이 RTI라는 규제는 임대사업자에게 적용되는 규제입니다. 임대사업자는 '임대+사업자'입니다. 즉, 사업자에 대한 규제이지, 법인에 대한 규제가 아니라는 것입니다. 이미 보유하고 있는 부동산이라면 어쩔 수 없습니다. 다만 신규 취득을 고려하고 있다면 법인으로 취득하면 RTI 규제를 적용받지 않을 수도 있겠습니다.

마지막으로 금융기관의 특별심의를 받는 방법인데요. 금융기관에서 특별심의를 받을 시에 RTI 수치를 일부 완화해서 적용할 수 있습니다. 비주택 1.5 → 1.25, 주택 1.25 → 1 이런 식으로 적용이 가능합니다. 예를 들어보겠습니다. 월세 100만 원이 나오는 주택이 있습니다. 대출 이자는 월 100만 원이 발생합니다. RTI 산식에 대입하면, '100만 원/100만 원=1'이기 때문에 주택의 RTI인 1.25배를 충족하지 못합니다. 대출 취급이 안 되는 것이죠. 하지만 RTI 1은 만족합니다. 이 경우에 금융기관의 특별심의를 받으면 대출이 가능할 수도 있습니다.

지금까지 RTI가 충족되지 않을 때 대출을 받을 수 있는 방법 3가지를 소개해드렸습니다. 사실 이 방법을 활용하면 무조건 대출을 받을 수 있다고 말씀드릴 수는 없습니다. 이 방법을 활용해 대출을 취급하는 것은 금융기관의 재량이기 때문입니다. 즉, 여러분이 RTI가 나오지 않는다고 해서 법인으로 대출해달라고 할 수는 있습니다. 다만, 금융회사에서는 RTI를 만족해야 한다고 대출을 거절할 수도 있는 것입니다.

그럼에도 제가 이 방법들을 소개해드린 것은 의미가 있습니다. 우리는 여러 곳에서 대출을 받는 것이 아닙니다. 한 곳에서만 대출을 받으면 됩니다. 결국, 이 규정을 활용해서 대출해주는 곳을 한 군데라도 찾으면 되겠습니다.

담보신탁대출

22

근저당권 vs 담보신탁의 차이가 궁금해요

여러분 혹시 영화 〈아저씨〉 보셨나요? 원빈이 아저씨 역할로 나오면서 아저씨에 대한 이미지를 싹 바꾼 영화였는데요. 극 중에서 원빈은 전당포를 운영합니다. 전당포는 금, 시계 등 귀중품을 맡기고 돈을 빌리는 곳인데요. 전당포는 귀중품을 담보로 저당 잡고 돈을 빌려주는 것이죠.

여러분이 은행에서 돈을 빌릴 때도 마찬가지입니다. 은행은 여러분의 재산을 담보로 저당 잡고 대출을 해줍니다. 보통 저당권을 설정한다고 표현하는데요. 대표적으로 저당권이 많이 사용되지만, 때때로 저당권 말고 다른 방법으로도 담보를 설정할 수가 있습니다. 이번 장에서는 여러분이 흔히 알고 계신 저당권이 아닌 '담보신탁'이라는 담보 설정 방법을 배워보도록 하겠습니다.

먼저 담보신탁이 무엇인지 설명해드리겠습니다. 담보신탁이란, 단어 그대로 '담보+신탁'이 합쳐진 의미입니다. 풀어서 말씀드리면 담보대출을 하기 위해 소유권을 신탁한다는 의미입니다. 이렇게 풀어서 말씀드려도 생소하실 것 같습니다. 그래서 다음의 근저당권과 담보신탁의 비교표를 보면서 저당권과 비교해 설명해드리겠습니다.

담보신탁, 저당권 비교표

구분	근저당권	담보신탁
금융기관	근저당권자	우선수익자
채무자	소유권자	위탁자 겸 수익자
임대차	금융기관의 동의 필요 없음	금융기관의 사전 동의 필요함
대출한도	지역별, 대출기관별 LTV 한도 방공제(임대차보호법상 최우선변제 대상)	지역별, 대출기관별 LTV 한도
연체 시 법적조치	법원 경매	신탁사 공매

저당권은 소유자가 그대로인 반면에, 담보신탁은 소유자가 바뀝니다. 부동산 등기사항증명서를 보면 갑구에는 소유권에 관한 사항이 표기되며, 을구에는 소유권 이외의 권리가 표기되는데요. 저당권은 소유자가 그대로이기 때문에 갑구는 소유자 변동이 없습니다. 소유권 이외의 권리인 을구에만 저당권 설정의 표시가 나타나는 것입니다.

다음의 등기사항증명서로 예를 들어 말씀드리겠습니다.

갑구에는 소유자 ○○○이라고 되어 있고, 을구에는 ○○은행 채권최고액 1억 2,000만 원 이렇게 표시되어 있는데요. 이것을 보고 단순히 ○○○님이 1억 2,000만 원의 대출을 받았다고 생각하셨죠? 하

1억 2,000만 원 채권최고액

【 을 구 】		(소유권 이외의 권리에 관한 사항)		

[토지] 충청남도 천안시 서북구 성거읍 송남리 ▨▨

순위번호	등 기 목 적	접 수	등 기 원 인	권리자 및 기타사항
1	근저당권설정	2022년9월28일 제79603호	2022년9월28일 설정계약	채권최고액 금120,000,000원 채무자 최▨규 충청남도 천안시 서북구 성거읍 ▨▨▨ 근저당권자 ▨새마을금고 ▨▨▨▨▨ 경기도 ▨▨▨ 공동담보 토지 충청남도 천안시 서북구 성거읍 ▨▨▨ 토지 충청남도 천안시 서북구 성거읍 ▨▨▨

지만 실제로 받은 대출금액은 1억 원인데요. 채권최고액은 말 그대로 채권을 청구할 수 있는 최고금액을 말합니다.

여러분도 아시다시피 대출은 무료가 아닙니다. 대출이자가 발생합니다. 여러분이 대출금을 정상적으로 갚지 못하게 되면 원금 1억 원에 정상 이자와 연체이자, 법적비용까지 물어야 합니다. 경매에 넘어가면 법원은 채권최고액 이내에서 이 모든 금액을 은행에 정산해줍니다. 이런 이유로 보통 은행에서는 대출금액의 110%에서 130%까지 채권최고액을 설정하는 것이죠. 앞에서 1억 2,000만 원이라고 되어 있었던 것은 1억 원의 120%를 설정한 것이겠죠?

이번에는 담보신탁에 대해서 알아보겠습니다. 다음의 자료를 보시면 등기사항증명서상 갑구의 소유권이 기존 소유자에서 ××신탁회사로 변경된 것을 알 수 있습니다. 을구는 보시다시피 깨끗합니다. 이것을 보면 한 가지 의문점이 생깁니다. 실제로 소유자만 신탁회사로

신탁 등기부등본 샘플

[집합건물] 경기도 광주시 초월읍 산이리 ▨▨▨ ▨▨▨ ▨▨▨▨ 제106동 제2층 제202호

표시번호	대지권종류	대지권비율	등기원인 및 기타사항
			2번 지상권설정 등가) -, 2토지(을구 1번 근저당권설정 등기, 을구 2번 지상권설정 등기)) 2018년2월1일 등기
3			2번의 1토지에 관한 별도등기 말소 2018년2월8일 등기
4			2번 별도등기 말소 2018년3월7일 등기

【 갑 구 】	(소유권에 관한 사항)

순위번호	등기목적	접 수	등기원인	권리자 및 기타사항	
1	소유권보존	2018년2월1일 제10400호		소유자 박▨리 620530-******* 경기도 광주시 경충대로 ▨▨, 비동 402호 (쌍령동, ▨▨힐리지)	"위탁자" 확인(실제 소유자)
2	소유권이전	2018년3월7일 제20509호	2017년11월17일 매매	소유자 김▨진 901130-******* 경기도 수원시 장안구 하룡토▨번길 ▨ 306동 201호 (천천동, ▨▨아파트)	
3	소유권이전	2018년3월7일 제20510호	2018년3월7일 신탁	수탁자 주식회사▨▨부동산신탁 ▨110111-▨▨▨▨▨▨ 서울특별시 강남구 테헤란로 ▨▨ (대치동, 삼성생명▨▨타워)	"수탁자" 확인(신탁회사)
	신탁			신탁원부 제2018-652호	
3-1	3번등기의인표시 변경	2020년9월11일 제74452호	2020년1월22일 상호변경	주식회사▨▨부동산신탁의 성명(명칭) ▨▨신탁주식회사	

[집합건물] 경기도 광주시 초월읍 산이리 ▨▨▨ ▨▨▨▨ 제106동 제2층 제202호

【 을 구 】	(소유권 이외의 권리에 관한 사항)
기록사항 없음	

신탁등기되어 있는 경우
을구에서 융자금액을 확인할 수 없습니다.
("신탁원부"를 발급받아 확인해야 합니다)

바뀌어 있고, 어디서 대출을 받았는지, 얼마를 받았는지에 대한 정보는 나타나지 않기 때문입니다. 이것은 '신탁원부'라는 것을 떼어봐야 알 수 있습니다.

신탁원부는 인터넷으로는 발급받을 수 없습니다. 직접 등기소에 가서 신탁원부를 포함해서 등기사항전부증명서를 발급받아야 합니다. 129페이지를 보시면 신탁원부 내의 대출기관과 대출금액에 대한 내용이 있습니다.

여러분께서 거래하고자 하는 부동산이 신탁되어 있다면, 이렇게 신탁원부를 떼어보고 대출이 어디에 얼마나 있는지 파악해볼 필요가 있겠습니다.

신탁원부 사진

Part 1 대출 기초부터 탄탄하게!
마인드셋업

Part 2 주택담보대출

Part 3 주택담보대출(실전)

Part 4 주택담보대출(사업자)

Part 5 담보신탁대출

23
담보신탁 체결부터
관리까지 알아보자

 본격적으로 담보신탁에 대해 안내해드리기 앞서 이 말씀부터 드리도록 하겠습니다. 지금 제가 설명해드리는 담보신탁대출은 여러분이 아시는 1금융권 은행은 거의 취급하고 있지 않으며, 2금융권에서도 제한적으로만 취급하고 있습니다. 그럼에도 불구하고 제가 담보신탁대출에 지면을 할애한 이유가 있습니다. 바로 여러분이 저당권으로 대출이 안 될 때, 이 담보신탁대출이 여러분께 구원자가 되어줄 수 있기 때문입니다.

 그럼 담보신탁대출을 취급하는 곳을 어떻게 찾을 수 있을까요? 제가 앞서서 대출상담사에 대해서 안내해드린 것 기억하시죠? 여러분께서 가장 쉽게 담보신탁대출을 받는 방법은 역시나 상담사에게 문의하는 것입니다. 워낙에 신탁대출을 취급하는 지점이 적기 때문에 일일이 발품을 팔다가 지쳐버릴 수 있으니까요.

담보신탁의 체결

그럼 본격적으로 앞에서 배웠던 담보신탁대출이 어떤 흐름으로 진행되는지 알아보도록 하겠습니다. 먼저 담보신탁의 체결입니다. 대출을 받으려면 대출서류를 작성해야 합니다. 저당권을 설정할 때는 대출약정서와 함께 저당권설정서류를 작성합니다. 담보신탁대출을 받을 때는 대출약정서와 담보신탁계약서를 작성합니다. 담보신탁계약서의 주요 내용은 대출입니다. 앞의 신탁원부에서 보셨다시피 대출에 대한 내용이 기재되어 있습니다.

신탁계약서

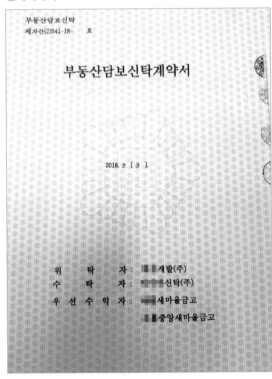

이렇게 신탁계약이 체결되면 신탁사에서는 은행에 우선수익권증서를 발급합니다. 우선수익권증서란 단어 그대로 우선적으로 수익을 얻을 수 있는 권리라는 뜻입니다. 은행은 이 권리를 담보로 대출을 취급하는 것입니다. 소유권이 신탁회사로 넘어감과 동시에 대출이 실행됩니다.

신탁 관리

부동산의 소유권이 신탁회사로 넘어갔기 때문에, 부동산의 관리도 신탁회사가 하게 됩니다. 임대차, 매매 등 법적으로 권리를 행사할 때 신탁회사가 해야 효력이 있습니다. 이런 부분 때문에 담보신탁이 번거롭기도 합니다. 대출을 받기 위해 신탁을 활용한 것뿐인데, 진짜 소유자가 권리행사를 못하게 되니까요. 은행원이 담보신탁대출 취급 시에 이 부분에 대해서 정확히 설명하지 않으면, 대출을 취급하고도 욕을 먹는 경우도 있습니다. 어쩌면 이런 이유로 은행에서 신탁대출을 기피하는 것일지도 모르겠습니다.

대출금의 상환

마지막으로 대출금을 상환하면 어떤 절차를 거치게 되는지 알아보겠습니다. 대출을 전액 상환하면 소유자는 신탁회사에서 소유자로 되돌아옵니다. 이것을 소유권의 귀속이라고 표현하는데요.

채무자가 대출금을 전액 상환하면 소유자는 신탁회사에 신탁해지를 요청합니다. 신탁회사는 은행에 대출금이 상환되었는지 확인합니다. 이후에 신탁해지를 진행합니다. 신탁회사로 넘어갔던 소유권이 다시 소유자에게로 넘어가는 것입니다. 이를 소유권의 귀속이라고 합니다.

이와 같이 정상적으로 대출을 상환하는 경우도 있지만, 대출을 제때 갚지 못해 연체가 발생하기도 합니다. 연체 시 은행은 강제 처분 조치를 취합니다. 저당권으로 취급 시에는 경매를 넣고요. 신탁으로 취급 시에는 '공매'라는 절차에 들어갑니다.

공매와 경매가 가장 큰 차이는 명도집행이 가능한지의 여부인데요. 경매는 낙찰자가 명도집행을 할 수 있지만, 공매는 명도집행을 할 수 있는 권한이 없습니다. 그래서 공매는 명도소송을 따로 진행해야 합니다. 명도소송은 집행까지 최소 8~9개월 소요됩니다. 낙찰자 입장에서는 명도가 큰 부담입니다. 아마도 명도 때문에 경매보다 공매를 덜 선호하는 것 같습니다.

이제 담보신탁 흐름에 대해 전반적으로 알아봤으니 뒤에서는 어떤 경우에 신탁대출을 받을 수 있는지에 대해 알아보도록 하겠습니다.

24

어떤 경우에 담보신탁대출이 필요한가요?

　앞에서 담보신탁대출은 일반 은행에서는 잘 취급하지 않는다고 말씀드렸습니다. 하지만 배워두면 여러분이 필요할 때 구세주가 된다고 말씀드렸는데요. 이번 장에서는 여러분이 어떨 때 신탁대출을 받아야 하는지에 대해서 알아보겠습니다.

　결론부터 말씀드리면 담보신탁은 대출금을 많이 받기 위해서 사용합니다. 그럼 담보신탁으로 했을 때, 왜 저당권보다 대출이 많이 나올까요? 그것은 일명 '방 빼기'로 불리는 최우선변제금과 관련이 있습니다. 지금부터 설명드리도록 하겠습니다.

　은행은 나라에서 정한 지역별 최우선변제금액만큼은 제외하고 대출을 취급합니다. 주택을 담보로 대출을 받을 때 방 개수마다 최우선변제금을 차감한 후 대출금이 나오는 것이죠. 예를 들어, 여러분이 경기도 성남시에 3억 원짜리 아파트를 구입하려고 합니다. 대출이 얼마나 나올까요? 무주택자 기준으로 LTV 70%를 적용해보겠습니다. 3억 원×70%=2억 1,000만 원이 나오는데요. 하지만 이게 끝이 아닙니다. 여기에서 최우선변제금을 차감해야 합니다. 경기도 성남시의 최우선변제금은 4,800만 원이므로 최종 대출금액은 1억 6,200만 원이 나옵니다.

은행에서 이렇게 최우선변제금을 차감하고 대출을 취급하는 이유가 있습니다. 주택임대차보호법에서 임차인의 보증금 중 최우선변제금액을 우선해서 변제하도록 정하고 있기 때문입니다. 이것은 주택임대차보호법이 생기게 된 배경을 알면 이해가 빠릅니다.

주택임대차보호법이 생기기 전에는 임차인의 보증금이 안전하지 않았습니다. 그 이유는 임차인의 임대보증금 '채권'이 상대적인 효력을 가진 불완전한 권리이기 때문인데요. 예를 들어, 임차인 A는 임대인 B와 임대차계약을 맺습니다. 그런데 B가 C에게 매매로 소유권을 넘깁니다. 이제 집주인은 C가 되는 것이죠.

C는 이제 본인이 주인이니 임차인 A에게 나가달라고 말합니다. 물론 A는 내 보증금을 돌려달라고 하죠. 하지만 새로 바뀐 집주인 C는 기존 집주인 B에게 받으라고 합니다. 지금은 당연히 말이 안 되는 내용이지만, 주택임대차보호법이 없을 때는 실제로 이런 일들이 있었습니다.

A는 기존 집주인 B와 계약을 한 것이기 때문에, 변경된 집주인 C

에게 청구할 수 있는 권리가 없어서인데요. 가만히 앉아서 보증금을 떼이고, 집에서도 쫓겨나게 된 것입니다. 이런 일이 계속해서 벌어지고, 갑자기 보증금과 집을 잃게 된 임차인들이 거리에 내몰렸습니다. 실의에 빠진 임차인이 잘못된 선택을 하기도 했습니다. 이후 정부는 임대차보호법을 만들어서 임차인을 보호하기로 했습니다.

그럼 이 법의 핵심을 말씀드릴게요. 임차인은 '전입신고+점유'를 하면 대항력을 갖추게 됩니다. 대항력을 갖추면 임차인의 임차보증금은 보호받습니다. 즉, 소유권이 바뀌더라도 임대 기간을 보장받고, 바뀐 집주인에게 보증금을 청구할 수 있는 권한이 생깁니다.

추가로 임대차계약서에 확정일자를 받으면 우선변제권이 생깁니다. 우선변제권은 보증금 전체에 대해 우선해서 변제받을 수 있는 권리입니다. 앞에서 설명해드렸던 최우선변제금과는 또 다른 개념인데요. 최우선변제금액의 취지는 보증금이 작은 임차인은 집에 대출이 많이 있든, 없든 지역별 최우선변제금만큼은 최우선으로 보장해주기로 한 것인데요. 이게 임차인에게는 유리하지만, 은행에는 불리할 수 있는데요.

실제 있었던 일입니다. 저희가 고객님께 아파트를 담보로 대출을 취급했습니다. 고객님과 가족들만 사는 집이라 최우선변제금을 제외하지 않고 대출을 취급했습니다. 얼마 후, 대출이 연체되었고 해당 집은 경매에 넘어갔는데요. 갑자기 임차인이 법원에 배당 신고를 합니다.

그것도 여러 명이요. 알고 보니 소유자와 작당한 위장임차인이었죠. 결국 저희는 법원에 위장임차인임을 증명해야 했습니다. 하지만 법원은 임차인의 보증금도 일부분 인정해주었습니다. 그게 가장 임차인이더라고 하더라도요. 결국 저희 대출금은 일부 손실이 났습니다.

이런 상황이 계속 생기면서 은행은 임차인이 있든, 없든 상관없이 최우선변제금만큼 차감하고 대출을 취급합니다. 혹여나 위와 같이 임차인이 생길 가능성을 미리 계산한 것입니다. 이후로는 손실이 생길 일이 없어졌습니다. 하지만 부작용도 있습니다.

막상 대출금에서 최우선변제금을 차감하니 대출을 많이 받기를 원하는 수요자는 자금이 부족하게 되었습니다. 소수의 사례 때문에 대다수가 피해를 보게 된 것이죠. 정부는 방법을 마련합니다. 보증보험을 가입하도록 한 것이죠. 그래서 등장한 것이 mci보험, mcg보험 같은 보증보험상품인데요. 대출취급 시에 최우선변제금액만큼은 보증보험에서 책임지도록 하고, 대출금에서 최우선변제금을 차감하지 않는 것이죠. 은행도 피해 보지 않아서 좋고, 고객님도 원하는 만큼 대출을 받을 수 있어서 좋은 것이죠.

하지만 보증보험이 모든 경우에 가입이 되는 것은 아닙니다. 경우에 따라서는 보증보험이 가입이 안 되는 경우가 있습니다. 이런 경우에 신탁대출이 필요한 것입니다. 뒤에서는 어떤 경우에 보증보험이 가입이 안 되는지 알아보겠습니다.

25
이럴 때는 보증보험 가입이
안 됩니다

보증보험 가입이 안 되는 사례는 여러 가지가 있습니다. 제가 하나씩 소개해드릴 텐데요. 하나하나 외울 필요는 없습니다. 읽어보면 다 이해가 되기 때문인데요. 제가 하나씩 설명드리도록 하겠습니다.

첫째, 소유자가 법인일 때입니다.

소유자가 법인인 경우에는 보증보험 가입이 어렵습니다. 왜 법인은 보증보험 가입이 안 될까요? 바로 법인은 실제로 집에 거주할 수가 없기 때문입니다. 예를 들어, 삼성이라는 회사는 여러분도 알다시피 법인입니다. 그런데 삼성이라는 회사가 어디를 돌아다니거나, 집에 살거나 할 수 있나요? 그럴 수 없습니다. 사실 법인은 형체가 없습니다. 그렇기 때문에 법인이 소유하는 주택의 경우, 필연적으로 제삼자가 거주할 수밖에 없습니다. 공실로 그냥 두지 않는다면요. 법인에서 굳이 공실로 주택을 가지고 있을 이유는 없겠죠?

둘째, 다가구주택이나 상가주택같이 방 개수가 여러 개인 경우입니다.

다가구주택은 말 그대로 '다가구+주택'입니다. 풀어서 말씀드리면 여러 가구가 사는 주택이라는 말이죠. 가끔 티비에 보면 건물주는 맨 꼭대기 층에 살고, 나머지 집은 임대를 주는 임대사업자를 볼 수 있습니다. 저희 할아버지께서도 임대사업을 하셨기 때문에 저한테는 익숙한데요. 총 5세대의 집이 살았는데, 할아버지 집을 제외하고 나머지 4집은 임대를 주셨습니다. 임대로 월세를 받아서 생활비를 충당하셨죠. 이처럼 총 5집이라고 하더라도 집주인이 실제로 거주하는 것은 1집입니다. 모든 호수에 본인이 거주할 이유는 없습니다. 결국 나머지 4집은 임차를 줄 수밖에 없습니다. 그래서 다가구주택이나 상가주택과 같이 방 개수가 여러개인 경우 보증보험 가입이 안 되는 것 입니다.

셋째, 선순위 임대차(전세, 월세)가 있는 경우입니다.

가끔 월세나 전세를 준 집에 보증보험 가입이 가능한지 묻습니다. 이것은 원칙적으로 불가능합니다. 보증보험을 가입할 수 있는 조건은 본인이 거주하는 것입니다. 임차를 주면 안 되는 것이죠. 그래서 선순위 임대차가 있는 경우에는 보증보험이 안 되는 것입니다.

넷째, 고시원, 모텔, 호텔 등 방 개수가 많을 때입니다.

모텔이나 호텔 같은 숙박업소의 대출문의가 들어옵니다. 여러분도 아시다시피 이런 숙박업소의 방 개수는 50개에서 많게는 100개가 훌쩍 넘어갑니다. 사실 모텔이나 호텔 같은 숙박업소는 며칠 묵어가는 곳이지, 거주하는 곳이 아닙니다. 반면에 고시원은 몇 달 혹은 1년까지도 거주하는 사람들이 있습니다. 또한, 장사가 안되는 숙박업소는 고시원처럼 장기로 거주를 허용하기도 합니다. 특히, 지방이나 수도권 외곽에 공사 현장이 많은 곳에서 볼 수 있는데요. 공사 인부들이 마땅히 묵을 곳이 없다 보니, 저렴한 모텔에서 공사기간 동안 거주하는 것입니다.

보증보험 가입이 안 되는 4가지의 경우를 살펴봤습니다. 서두에 말씀드린 것처럼 굳이 외우지 않으셔도 됩니다. 충분히 납득 가능하기 때문입니다. 다시 한번 정리하자면, 보증보험이 가입한 경우는 본인과 본인 가족만이 거주할 때입니다. 제삼자가 거주하거나, 거주할 가능성이 있다면 그 물건은 보증보험 가입이 안 됩니다.

보증보험 가입이 안 되면 신탁대출을 활용할 수 있습니다. 뒤에서 구체적인 사례를 통해 신탁으로 대출을 받을 때 얼마나 대출을 더받을 수 있는지 살펴보도록 하겠습니다. 그전에 먼저 신탁대출에 대한 막연한 불안감을 갖고 계신 분들이 많습니다. 뒤에서는 신탁대출을 받아도 안전한지 설명해드리도록 하겠습니다.

26
신탁대출,
안전한 것 맞나요?

신탁대출은 소유권이 넘어가니 소유자는 불안합니다. '내 집을 빼앗기는 것 아냐?' 하는 걱정을 하는 것입니다. 항상 뭐든지 처음이 어려운 것 같습니다. 사실 신탁을 처음 접하는 사람은 불안할 수 있습니다. 그러나 두 번째, 세 번째 신탁대출을 받아보신 분들은 소유권이 넘어가는 것에 거부감이 없습니다. 당연하게 생각하시는 것이죠.

신탁회사로 소유권이 넘어갔다고 해서 내가 점유할 수 있는 권리가 사라지는 것은 아닙니다. 나중에 대출이 상환되면 소유권은 다시 소유자로 넘어옵니다. 신탁 부동산이라고 주택 수 계산에서 빠지는 것도 아닙니다. 재산세, 종부세 등도 신탁회사가 아닌 실제 소유자에게 부과됩니다. 소유자가 부동산을 매매할 수도 있고, 임대차도 가능합니다. 다만, 임대차는 제한 사항이 있긴 합니다. 신탁사의 동의를 받아야 하는 것이죠. 부동산 매매는 신탁사의 동의가 필요없습니다. 특약 사항에 '매매 잔금 시에 신탁사로부터 소유권 이전한다'

라는 내용을 넣으면 되죠.

어떨 때는 신탁이 되어 있는 것이 유리한 경우도 있습니다. 대표적으로 갑자기 사업이 망하거나, 실직하는 등 소유자가 사정이 어려워지는 경우입니다. 상황이 어려워지면 세무서에서 집에 압류가 들어옵니다. 각종 채권자들이 가압류 조치를 하기도 합니다. 어떻게든 채권자들이 빚을 변제받고자 담보를 설정하고자 하는 것입니다.

하지만 위와 같이 압류, 가압류가 많이 걸려 있는 주택은 권리관계가 복잡해 매매가 어렵습니다. 결국, 제값을 받고 팔기가 쉽지 않습니다. 추가적으로 할인해줘야 팔 수가 있습니다. 신탁이 좋은 것은 신탁 부동산에 대해서는 가압류, 압류 조치를 할 수 없습니다. 소유자가 신탁회사이기 때문이죠. 내부 사정이 어떻든 간에 등기부상에는 깨끗한 상태를 유지할 수 있습니다. 이런 경우에는 도리어 신탁된 부동산이 매매에 유리한 것이죠.

신탁 부동산 임대차도 가능한가요?

이번에는 임대차에 대해서 알아보겠습니다. 신탁 부동산은 임대차가 아예 되지 않는다고 알고 계신 분들이 많습니다. 결론부터 말씀드리면, 이는 사실이 아닙니다. 신탁된 부동산도 임대차를 할 수 있습니다. 다만, 신탁 부동산의 임대차는 신탁사와 은행의 동의 절차가 필요합니다.

대부분 신탁대출 당시에는 임대차계약을 할 계획이 없습니다. 꼭 나중에 그런 일이 생기더라고요. 신탁 부동산의 임대차는 신탁 회사의 동의를 받으면 가능합니다. 신탁사가 소유자로 되어 있기 때문입니다. 하지만 신탁회사가 임대차 동의 여부를 단독으로 결정하지는 않습니다. 우선수익권자인 은행에서 동의해줘야 가능한 것이죠. 은행에서 신탁 부동산에 임대차 동의를 해준다는 것은 임대차보증금이 대출금보다 선순위채권이 된다는 것입니다. 앞에서 최우선변제금에 대해서 말씀드렸던 것 기억하시죠? 은행이 신탁대출을 취급하는 이유는 선순위채권(최우선변제금)의 가능성을 없애고자 함입니다. 그런데 임대차 동의 시 보증금이 선순위채권이 되는 것인데요. 은행에서 쉽게 허용해주지는 않겠죠.

간혹 은행 담당자가 대출약정 당시에 임대차에 대한 언급이 없었다며, 임대차 동의가 불가하다고 말할 수도 있습니다. 일반적으로는 임대차보증금만큼 대출금을 상환하는 조건으로 임대차 동의를 해줍니다. 제 개인적인 의견으로는 보증금만큼 대출금 상환 후 임대차 동의를 해주는 것이 맞지 않을까 생각합니다.

사실 사람 일이라 한 치 앞을 예상하기 어렵습니다. 갑자기 이사를 가는 상황도 발생할 수 있습니다. 미래의 일정을 모두 계획하는 것은 불가하기 때문이죠. 은행 입장에서도 보증금으로 대출금을 상환하면 큰 문제가 없습니다. 보증금이 선순위채권이 되더라도 이미 그만큼 대출금을 상환했기 때문입니다.

신탁 부동산에 전세를 놓게 되는 경우도 있습니다. 신탁이 아니더라도 일반적으로 대출을 유지한 채 전세를 구할 수는 없습니다. 전세 보증금으로 대출금을 상환하는 조건으로 임대차계약을 맺는 것이 일반적입니다. 신탁대출도 마찬가지입니다. 전세금으로 신탁대출을 상환합니다. 그럼 소유권은 기존 소유자로 변경됩니다. 결국 전세금으로 대출금을 상환하는 경우 신탁해지가 되기 때문에 걱정하지 않으셔도 되는 것이죠. 신탁사의 동의를 받을 필요도 없는 것이고요. 뒤에서는 신탁대출 실전사례에 대해서 알아보도록 하겠습니다.

27
신탁대출, 실전 사례를 통해서 알아보자

몇 장에 걸쳐서 신탁대출에 대해서 배워봤는데, 어떻게 감이 좀 잡히시나요? 아마 신탁대출이 많이 친숙해지셨을 것입니다. 하지만 여태까지 이론 위주의 설명이라 확 와닿지는 않을 수도 있습니다. 그래서 지금부터는 신탁대출 사례에 대해서 소개해드리겠습니다. 앞에서 배운 신탁 이론에 더해서 실전 사례를 배우면 이해가 잘되실 것입니다.

서울의 다가구주택, 신탁대출로 매수한다면?

앞에서 다가구주택의 경우 mci보험 적용이 안 된다고 말씀드렸습니다. 그럼 다가구주택을 매수할 때 저당권으로 하는 것과 담보신탁으로 하는 것이 대출금에서 얼마나 차이가 나는지 알아보겠습니다.

전문직 종사자 A씨는 서울 구로동 근처에 다가구주택을 10억 원에 매입했습니다. 해당 호수는 방이 10개인 주택이었는데요. 구로동

145

은 조선족이 많이 거주하는 지역이라 임차 수요가 많은 곳입니다. A씨 또한 임대소득을 얻기 위해 해당 주택을 매입한 것이죠. A씨는 전문직 종사자기 때문에 신용도 좋고, 소득도 높은 편이라 대출에 대해서는 걱정을 하지 않았습니다. 못해도 60% 정도는 나올 것이라고 생각했죠.

하지만 은행에 문의하니 대출이 거의 나오지 않는다고 합니다. 왜 그런지 계산해보겠습니다. A씨는 임대사업을 할 목적으로 해당 주택을 매수했기 때문에 LTV는 60%입니다. 계산해보면 '10억 원×60%=6억 원'이 나오죠. 그런데 여기서 끝이 아닙니다. 이제 방 차감을 해야 하는데요. 현재 서울의 최우선변제금은 5,500만 원 입니다. 방이 10개면 5억 5,000만 원을 변제합니다. 결국 처음 계산했던 6억 원에서 최우선변제금 합인 5억 5,000만 원을 빼니까 5,000만 원이 나옵니다. 이래서 대출이 거의 안 나왔던 것이네요.

현재 해당 물건은 공실입니다. 하지만 앞에서 배웠듯이 최우선변제금은 은행의 채권보다 선순위로 분류됩니다. 그래서 현재 임차가 없다고 하더라도 은행은 모두 차감하고 대출금을 산정합니다.

A씨는 매매계약을 파기해야 하나 고민했습니다. 원하는 금액이 안 나왔으니까요. 이후 저희 지점을 찾아오셨습니다. 저는 고객님께 저당권으로 취급하면 대출이 안 나오니, 신탁대출을 받아야 원하는 금

액이 나온다고 말씀드렸습니다. 신탁으로 취급하면 최우선변제금을 차감하지 않아도 되니까요. 결국 A씨는 10억 원의 60%인 6억 원만큼 대출을 받았습니다. A씨는 원하는 만큼 대출을 받을 수 있었고, 은행은 우량 손님과 우량 물건에 대한 대출을 취급할 수 있었습니다. 고객과 은행 모두 좋은 상황이 된거죠.

서울의 고시원, 신탁대출로 매수한다면?

B씨는 고시원을 매입하기 위해 대출문의를 주셨습니다. 경기도 수원시에 있는 통건물이었는데요. 총 4층 건물에 1층은 커피숍, 2~4층은 고시원으로 사용하고 있었습니다. B씨는 이 건물에서 고시원을 직접 운영할 계획이었죠. 이 고시원은 방이 20개였습니다. 인근에 대학가가 있어서 고시원 수요도 많았습니다. 계산해보니 운영 수익률도 높게 나오더라고요.

총매매가는 20억 원이었습니다. B씨는 10억 원 정도 대출이 필요했습니다. 처음에는 금리가 저렴한 은행에서 대출 상담을 받았습니다. 그러나 원하는 만큼 대출이 나오지 않았습니다. 매매가 20억 원의 LTV 70%를 곱하면 14억 원이 나옵니다. 이후 최우선변제금 4,800만 원을 방 개수 20개만큼 차감했습니다. '20억 원×70%-4,800만 원×20=4억 4,000만 원'으로, 최종 대출 가능금액은 5억 원이 채 나오지 않았습니다. B씨가 필요한 금액은 10억 원이었기 때문에 많이 모자랐죠. 이분께서도 대출을 더 받기 위해 저희 지점을 찾아주셨습니다. 저는 신탁대출을 안내해드렸습니다. 신탁대출을 받게 되면 최대 14억 원 정도 대출이 가능하다고 말씀드렸습니다. 여러분도 아시다시피 최우선변제금을 차감하지 않아도 되니까요. 담보가액 20억 원의 LTV 70%만큼 다 해드릴 수 있는 것이었죠. B씨는 원래 필요 금액보다 대출이 더 나왔다며 만족해하셨습니다. 결국 나머지 금액은 고시원 인테리어를 하는 데 사용하셨습니다. 인테리어 덕분에 고시원이 항상 만실이어서 수익률이 더 잘 나온다고 하더라고요.

신탁대출 사례 2가지를 소개해드렸습니다. 제가 취급한 대출 중 극히 일부입니다. 다른 사례들도 비슷한 맥락이라고 생각하시면 될 것 같습니다. 결국 신탁대출은 최우선변제금을 차감하지 않아도 된다는 것이 포인트입니다.

앞에서 일반 은행은 일반적으로 신탁대출을 취급하지 않는다고 말씀드렸습니다. 그럼에도 불구하고 한 파트에 걸쳐서 신탁대출에 대해서 설명해드리는 이유가 있습니다. 바로 예상치 못하게 신탁대출이 필요한 상황이 오기 때문입니다. 앞의 사례와 같이 대출금이 원하는 만큼 나오지 않을 때가 있습니다. 이럴 때 신탁대출이라는 선택지가 있다는 것을 꼭 기억하셨으면 좋겠습니다.

part
6

전세자금대출

28
전세자금대출 받는 데
왜 보증서를 발급해야 하나요?

얼마 전 고등학교 친구가 10년간 교제하던 여자 친구와 결혼한다고 연락이 왔습니다. 교제 초기부터 봐왔던 커플이라 내심 빨리 결혼하기를 바랐는데 드디어 결혼한다니 축하의 인사를 전했습니다. 그런데 그 친구가 고민이 있다고 하더라고요. 취업한 지가 3년 정도밖에 안 되어서 모은 돈이 많이 없다는 것이었습니다. 얼마나 모았냐고 물어보니 5,000만 원 정도 모았다고 했습니다. 이 돈으로 신혼집을 알아볼 수 있냐고 묻더라고요. 저는 그 친구에게 도움을 주고 싶어서 그 친구의 자금에 맞는 전셋집을 찾아주었는데요.

그렇다고 5,000만 원짜리 전셋집을 찾아준 것은 아닙니다. 2억원짜리 전셋집이었죠. 자기 자금 4,000만 원에 전세자금대출 1억 6,000만 원을 합해서 방 2개 아파트 전세를 추천했는데요. 친구는 이렇게나 전세대출을 많이 해주냐며 놀라더라고요. 또 이렇게 대출을 많이 받으면 이자가 너무 높은 것은 아니냐며 걱정했습니다. 저는 전세보증금의 80%는 대출이 가능하며, 월세를 내는 것보다 대출 이자를 내는 것이 유리하다고 말해줬는데요. 결국, 친구는 전세대출을 받고 잘 살고 있죠.

사회초년생이나 신혼부부들이 가장 많이 궁금해하는 대출이 바로 전세대출입니다. 지금부터 전세대출의 한도는 어떻게 결정되는지 알아보겠습니다. 은행에서는 전세대출을 2가지 방법으로 취급합니다. 첫 번째는 보증서를 발급해서, 두 번째는 질권 설정을 통해서입니다. 이 중에 90% 이상이 보증서를 이용한 대출인데요. 지금은 대중화된 전세보증서 발급이 예전부터 있었던 것은 아닙니다. 정부에서 서민들의 주거 안정을 위해 보증서를 발급해 전세대출을 쉽게 해주었습니다. 지금부터 그 배경에 관해서 설명해드리겠습니다.

주택임대차보호법이 없었을 때 전세금은 운이 안 좋으면 떼일 수도 있는 돈이었습니다. 전세금은 상대적 채권이라고 합니다. 집주인과 임차인 사이에서만 효력이 있는 것이죠. 만약 집주인이 임차인과 전세계약을 맺은 후에 제삼자에게 집을 판다면, 임차인은 바뀐 집주인에게 전세금을 돌려달라고 할 수 없었습니다. 기존 집주인에게 받는 것도 쉽지 않아서, 전세금을 떼이는 것이 부지기수였습니다. 당연히 은행은 전세금을 담보로 대출을 해주지 않았습니다. 만약 은행이 전세금을 대출해줬다면, 은행이 손실을 보게 되니까요.

은행에서 부동산에 저당권을 설정하듯이, 임차인도 부동산에 전세권을 설정할 수도 있습니다. 하지만 임차인이 집주인에게 전세권 설정을 해달라고 요구하기는 쉽지 않습니다. 임대인이 전세권 설정을 꺼리기 때문입니다. 과거에는 지금보다 더 임대인 우위 시장이었습니다. 전세가 귀했기 때문이죠. 결국 전세권 제도는 있으나마나였고, 드물게 사용되었습니다.

이후 임대차보호법이 제정되고 임차인이 대항력(전입+점유)을 갖추면서 바뀐 집주인에게도 대항할 수 있게 되었습니다. 전세계약을 한 후 집주인이 바뀌어도 괜찮습니다. 새로운 집주인에게 전세금을 반환해달라고 요구할 수 있으니까요. 만약 집주인이 전세금을 주지 못하더라도 집을 처분해서라도 전세금을 반환받을 수 있게 되었습니다.

하지만 임대차보호법이 생긴 이후에도 전세자금대출을 받기는 쉽지 않았습니다. 임차인의 대항력 때문인데요. 대항력을 갖추려면 전입신고를 유지하고, 그 집에 계속해서 살아야 합니다. 중간에 전입을 다른 데로 옮긴다거나, 거주를 옮기게 되면 대항력이 없어집니다. 여러분이 매스컴에서 보셨던 전세사기 또한 대항력을 지키지 못해서 발생한 경우가 많습니다.

건축업자 A씨는 서울의 다가구주택을 지은 후에 임차인의 전세금으로 공사비를 치렀습니다. 그런데 A씨는 추가 공사를 위해 돈이 필요했고, 기존 다가구주택을 담보로 대출을 받으려고 하는데요. 임차인이 있는 상황에서는 대출이 안 됩니다. 그래서 A씨는 임차인들에게 잠깐만 다른 곳으로 전입을 옮겨달라고 말합니다. 은행은 선순위 채권이 없어졌고, 이 주택을 담보로 대출을 취급합니다. 결국, 임차인들은 은행에 후순위로 밀리게 되고, 전세금을 지킬 수 없습니다.

이처럼 대항력이라는 것이 쉽게 사라질 수 있으니, 은행에서는 전세금을 담보로 대출을 하는 것이 부담스럽습니다. 일부 금융기관에서는 집주인에게 확약서를 받기도 합니다. 하지만 이 또한 완벽한 조치는 아닙니다. 확약서는 집주인이 임차인에게 전세금을 반환할 때 대출금액만큼은 은행에 반환해야 한다는 내용입니다. 만약 임차인에게 모두 지급해서 문제가 생기면, 집주인이 연대해서 대출금을 배상해야 한다는 내용도 포함되어 있습니다.

본격적으로 전세자금대출이 활성화된 것은 보증기관에서 보증서를 발급해주면서부터입니다. 단순하게 은행은 보증기관의 보증서를 담보로 대출을 취급하면 그만입니다. 혹여나 대출금이 연체되면 보증기관에 대위변제 요청을 합니다. 보증기관에서는 채무자를 대신해서 대출금을 상환합니다. 이때부터 전세자금대출은 까다롭고, 위험한 대출에서 안전하고, 쉬운 대출로 바뀝니다. 은행에서도 전세자금대출을 주력으로 판매하기 시작했고요. 그렇게 지금의 보증서 기반 전세자금대출이 자리 잡게 된 것입니다.

우리나라의 대표적인 보증기관은 총 3곳이 있습니다. 공기업인 한 국주택금융공사(HF)와 주택도시보증공사(HUG), 사기업인 서울보 증보험(SGI)인데요. 이 보증기관은 각각 특징이 있습니다. 그 특징 에 따라 전세자금대출의 가부(可否)가 결정되기도 합니다. 이어서는 보증기관별 특징에 대해서 알아보도록 하겠습니다.

29
전세보증보험
보증기관별 특징은?

서울보증보험

서울의 대치동, 목동, 중계동 이 3개 지역의 공통점을 아시나요? 바로 서울의 대표적인 학군지입니다. 학령기의 자녀가 공부를 잘 하면 무리해서라도 학군지로 거주지를 옮깁니다. 전 세계에서 우리나라는 교육열이 높기로 유명합니다. 학군지는 거주 수요가 많기 때문에 가격이 높습니다. 이 중 가장 비싼 지역인 대치동의 전세가격은 10억 원을 훌쩍 넘어갑니다. 문제는 이렇게 높은 가격의 전셋집을 자기 자금으로만 감당하기는 쉽지 않습니다. 대출이 필요하죠. 하지만 이렇게 전세금이 높은 경우에는 보증기관에서 보증서를 끊어주지 않습니다. 정부에서 보증서를 발급하도록 한 것은 서민들의 거주 수요가 안정되게끔 하기 위한 것이지, 부자들에게까지 혜택을 주기 위한 것은 아니기 때문입니다.

하지만 위와 같이 전세금액이 크더라도 보증서를 발급해주는 곳이 있습니다. 바로 서울보증보험인데요. 서울보증보험은 보증기관 중에 유일한 사기업입니다. 물론, 보증기관이라는 공적인 성격을 가지고는 있지만, 다른 2곳보다는 덜하죠. 그렇기 때문에 전세가격의 상한이 없습니다. 다만, 한도는 5억 원이 최대인데요. 전세금액이 10억 원이더라도 대출한도인 80%가 다 가능한 것이 아니라, 5억 원만 가능한 것입니다. 서울보증보험 상품은 이렇게 전세금액이 클 때 유용합니다.

주택도시보증공사

빌라왕 사건 기억하시죠? 한 사람이 빌라를 수백 채를 가지고, 전세사기를 쳤는데요. 이 사건 때문에 자살한 사람도 있었고, 임대차보호법도 개정될 정도로 큰 사건이었습니다. 아직도 해결이 안 되어서 힘든 시간을 보내고 계신 분들도 있습니다. 그런데 전세사기를 당했는데도 괜찮으신 분들도 계십니다. 바로 전세금에 보증보험을 가입하신 분들이죠.

집주인이 전세금을 돌려주지 못하더라도, 임차인은 보증보험에 전세금 반환요청을 할 수 있습니다. 그러니 피해가 적었던 것이죠. 가끔 은행에서 전세자금대출을 받으면 자동으로 보증보험을 가입한 것으로 착각하십니다. 그러나 사실이 아닙니다. 은행은 전세금 전체에 대해서 보증을 가입하지 않습니다. 단지 대출금액에 한해서 가입합니다. 예를 들어, 전세금이 2억 원인데 전세자금대출은 1억 5,000만 원이라고 해보겠습니다. 문제가 생기면 전세자금 1억 5,000만 원에 대해서는 보증기관에서 보장해줍니다. 그러나 나머지 돈 5,000만 원에 대해서는 보장해주지 않습니다. 하지만 보장해주는 상품이 있습니다. 바로 주택도시보증공사의 '안심전세' 상품입니다. 이 상품은 대출금뿐만 아니라 보증금액에 대해서도 보장해주는데요.

지금부터는 주택도시보증공사의 '안심전세' 상품에 대해서 알아보도록 하겠습니다. 앞에서 말씀드린 것처럼 이 상품의 가장 큰 특징은 대출금액뿐만 아니라 전세금 전체에 대한 보장이 가능하다는 것입니다. 그렇기 때문에 따로 전세금에 대한 보증보험 가입을 할 필요가 없는데요. 이번 전세사기 사건에서도 '안심전세'대출을 받으신 분들은 피해가 거의 없었죠.

또한, 이 상품은 소득이 없어도 대출이 가능합니다. 다만, 신용도가 낮으면 안 되는데요. 여러분이 소득이 적거나, 소득이 있더라도 증빙이 어렵다면 이 상품을 이용해볼 수 있겠습니다. 앞에서 서울보증보험상품은 최대한도가 5억 원이라고 말씀드렸는데, 이 상품은 최대한도가 4억 원입니다. 최대한도는 1억 원이 적지만, 신혼가구, 청년가구에 한해서는 보증금의 90%까지 대출이 되는 것도 큰 장점입니다.

한국주택금융공사

마지막으로 한국주택금융공사(HF)입니다. 이 상품의 가장 큰 특징은 집주인의 동의가 필요 없다는 것입니다. 요즈음에는 임대인들이 임차인 전세대출을 받는 데 잘 협조해주는 편이지만, 아직도 고지식한 분들은 전세대출을 받는다고 하면 싫어하거나, 협조를 안 해줍니다. 그래서 전세계약서를 작성할 때 꼭 특약 사항에 '임대인은 임차인의 전세대출에 협조할 것'이라는 문구를 꼭 넣는 것이 좋습니다. 더불어 '임대인의 비협조로 전세대출이 안 나올 시에 계약을 파기한다'라는 내용도 넣어주면 금상첨화입니다. 이렇게 하면 임차인이 전세대출을 받는 데 임대인이 협조를 잘 해줄 수밖에 없습니다. 만약 임대인의 동의가 어렵다면 어떻게 하면 좋을까요? 이럴 때는 한국주택금융공사(HF)에서 대출을 받으면 됩니다. 한국주택금융공사는 집주인에게 동의를 구하는 절차가 없습니다.

또 한 가지 좋은 것은 법인이 소유한 주택도 한국주택금융공사에서는 보증서를 발급해줍니다. 간혹, 시세보다 저렴한 전세 물건이 나오는 경우가 있습니다. 법인 소유라고 저렴한 것이죠. 법인 물건은 보통 대출이 안 되니까요. 이럴 때는 한국주택금융공사 상품을 이용해서 대출을 받을 수 있습니다.

이 상품의 최대 대출한도는 4억 원 입니다. 다만, 본인과 배우자 (배우자 예정자 포함)의 합산한 주택보유수가 1주택인 자는 최대한도가 2억 원이니 주의하셔야겠습니다.

30

전세보증보험 가입이 안 되어도 전세대출 가능한 방법이 있다고요?

앞에서 보증보험별로 전세대출의 특징을 설명해드렸습니다. 대부분 보증보험을 가입해 전세대출을 받을 수 있지만, 간혹 보증보험 가입이 안 되는 경우가 있는데요. 예를 들어, 강남구, 용산구의 고급아파트나 펜트하우스같이 전세가가 몇십억 원씩 하는 경우에는 보증보험 가입이 어려운데요. 보증보험 가입이 어렵다고 대출이 무조건 안 되는 것은 아닙니다. 다른 방법이 있습니다. 이번 장에서는 보증보험 가입이 안 될 때 전세대출 받는 방법에 대해서 알아보도록 하겠습니다.

앞에서 주택임대차보호법과 대항력에 관해 설명해드렸던 것 기억나시나요? 한 번 더 복습하자면 주택임대차보호법상 해당 주택에 전입신고와 점유를 유지하면 대항력을 갖춘다고 했습니다. 임차인의 전세금이 대항력을 갖추면서 안전해지는 것이죠. 이게 끝이 아닙니다. 임대차계약서에 확정일자를 받으면 대항력에다가 더불어 우선변제권이 생기는데요.

대항력이란 집주인이 바뀌더라도 바뀐 집주인에게 전세금 반환을 요구할 수 있는 권리라고 했습니다. 우선변제권은 해당 주택이 경매에 넘어가더라도 가장 먼저 전세금을 반환받을 수 있는 권리입니다. 만약, 대항력은 있는데 우선변제권이 없다면, 해당 주택이 경매에 넘어가더라도 배당을 받을 수 없습니다. 전세계약기간이 끝나야 비로서 바뀐 집주인에게 전세금을 청구할 수 있습니다.

은행에서는 임차인이 우선변제권을 갖춰야만 대출을 해줍니다. 즉, 전입신고, 점유, 확정일자, 이 3가지를 모두 갖춰야 대출이 가능능합니다. 구체적으로 어떤 방식으로 은행이 전세보증보험 없이 전세 자금대출을 취급하는지 알아보겠습니다.

첫째, 전세금에 질권을 설정할 수 있습니다. 은행에서는 전세금에 질권을 설정해서 대출을 취급할 수 있습니다. 임차인은 집주인에게 전세금을 지급합니다. 동시에 전셋집에서 거주할 수 있는 권리가 생깁니다. 계약기간이 끝나면 반대로 집주인은 임차인에게 전세 보증금 반환의무가 생깁니다. 임차인은 집주인에게 해당 주택을 넘겨줘야 합니다. 이를 전문용어로 임차인은 임대인에게 보증금반환채권이 생긴다고 합니다. 은행은 이 보증금반환채권에 질권을 설정하는 것이죠. 막 어려운 용어가 나와서 헷갈리시죠? 제가 풀어서 말씀드리도록 하겠습니다.

단순하게 표현하면 은행이 집주인에게 이렇게 말하는 것입니다. "전세계약기간이 만료되면 임대인은 임차인에게 보증금을 돌려줘야 합니다. 다만 저희 은행이 임차인의 전세자금대출을 위해 보증금에 질권을 설정했습니다. 그렇기 때문에 전세보증금은 임차인에 게 지급하지 말고, 저희 은행에 지급하셔야 합니다. 이를 어기고 집주인이 임차인에게 전세금을 반환해 은행에 손해를 끼치면 집주인이 임차인을 대신해서 대출금을 갚아야 할 수도 있습니다."

집주인에게 불리한 내용이 들어가다 보니 임대인은 임차인의 전세자금대출에 비협조적인 경우도 있습니다. 사실 보증보험을 통해 전세자금대출을 취급하면 집주인에게 임대차계약 내용이 맞는지 정도만 확인합니다. 반면에 은행에서 질권을 설정해서 대출을 취급할 때는 집주인의 책임이 늘어나게 되기 때문입니다.

둘째, 전세권을 설정하는 방법입니다. 앞에서 전세금에 질권을 설정하는 방법을 소개해드렸지만, 은행에서는 전세권을 설정하는 것을 더 선호합니다. 주택임대차보호법상 대항력을 갖추고 우선변제권을 가진다고 하더라도 이 권리가 등기부상에 표기되지는 않습니다. 그리고 채무자가 점유 혹은 전입을 유지하지 못하면 대항력을 잃어버린다는 치명적인 단점이 있습니다.

반대로 전세권 설정은 등기부상에 공시됩니다. 임차인이 집에 살지 않아도 되고, 전입신고를 하지 않아도 상관없습니다. 어차피 등기부상에 전세권이 설정되었기 때문에 안전하게 보호받습니다. 은행에서는 이 전세권에 저당권을 설정해 대출을 취급합니다.

전세권은 최악의 상황에 경매를 넣을 수 있습니다. 반대로 주택임대차보호법상 우선변제권은 경매를 넣을 수 없습니다. 배당만 받을 수 있을 뿐입니다. 그만큼 전세권은 임차인에게 강력한 권리입니다. 그래서인지 집주인은 전세권 설정을 잘 해주지 않습니다. 반대로 임차인에게는 전세권이 유리합니다. 은행 또한 임차인을 대신해서 경매를 넣을 수 있기 때문에 전세권을 선호합니다.

한 가지 예를 들어보겠습니다. 서울 강남구 아파트의 전세 보증금이 20억 원입니다. 이 아파트를 질권 설정 또는 전세권 설정을 통해 대출을 받는다면 얼마나 받을 수 있을까요? 금융회사마다 다르지만 보통 전세금의 80%까지 대출이 가능합니다. 즉, 보증금이 20억 원이라면 80%인 16억 원까지 대출이 가능한 것이죠. 대출이 16억 원이면 이자만 해도 월 몇백만 원씩 되겠네요.

그럼 실제로도 이렇게 큰 금액의 전세자금대출이 가능할까요? 네, 가능합니다. 하지만 모든 은행에서 가능하지는 않고, 2금융권에서 주로 취급합니다. 또한, 전세자금대출은 DSR 계산에서 제외되기 때문에 대출규제가 적용되지 않는다는 장점도 있겠네요.

31

집주인이 전세금을 반환해주지 못한다고 하는데 어떻게 해야 하죠?

전세사기, 역전세, 빌라왕 등 전세금을 반환받지 못하는 사례가 끊이지 않고 있습니다. 사실 전세금 반환 문제는 어제오늘 일이 아닌데요. 20~30대에게는 전세문제가 낯설지만, 예전부터 부동산 시세가 꺾이면 어김없이 전세문제가 생겼습니다. 그럼 왜 이런 전세문제들이 계속 생기는 것일까요? 급등했던 부동산 가격이 내려가면서, 전세가격도 같이 내려가기 때문입니다. 코로나19 전염병으로 인해 유례없이 많은 돈이 풀렸습니다. 돈이 많이 풀리면서 물가 또한 높아졌습니다. 미국 연준에서는 이를 잡기 위해 단기간에 금리를 연쇄적으로 높였습니다.

미국의 급격한 금리 인상의 여파로 전 세계 부동산 가격이 출렁였고, 우리나라 부동산 가격도 큰 폭으로 조정되었습니다. 금리 인상으로 전세대출이자가 늘어나자, 전세에 대한 수요도 줄어들면서 전세가격도 덩달아서 내려갔습니다. 집주인은 집값도 내려갔는데, 전세가격도 내려가는 이중고를 겪게 되었죠. 그전에는 전세 만기가 되어도 새로운 임차인을 통해서 전세금을 내주면 그만이었습니다. 지금은 새로운 세입자를 받더라도 새로운 전세금을 받아서 기존 전세금을 내줄 수가 없고, 본인 돈을 추가로 투입해야만 하는 것이죠.

보통 현금을 몇천만 원씩 가지고 있는 경우는 드뭅니다. 특히 다주택자들은 현금을 가지고 있지 않고, 자금을 부동산에 묶어놓습니다. 이런 경우에 집주인은 부득이하게 전세금 반환을 못 하게 되죠.

일반적으로는 시간이 지나면 전세가격은 올라갑니다. 인플레이션 때문인데요. 그래서 이렇게 역전세가 발생할 일도 거의 없을뿐더러, 대부분 새로운 임차인의 보증금을 받아서 기존 임차인의 보증금 지급이 가능합니다. 제가 드리고 싶은 말씀은 전세사기와 역전세는 다르다는 것인데요. 전세사기가 처음부터 의도적이라면, 역전세는 의도치 않게 전세가격이 내려가면서 어쩔 수 없이 보증금을 반환하지 못하는 경우입니다.

저도 전세가격이 내려가서 애먹었던 기억이 있는데요. 경기도 광명의 구축아파트에서 전세로 신혼생활을 할 때 이야기입니다. 당시 집주인은 재건축 가능성을 보고, 전세를 끼고 아파트를 보유하고 있었습니다. 저는 그 집에서 4년 가까이 살았습니다. 아기가 생기면서 더 큰 집으로 이사를 가야 했는데요. 그런데 제가 들어올 때보다 도리어 전세가격이 떨어진 거예요. 집주인은 동일한 전세가격으로 부동산을 내놨지만, 보러오는 사람은 없고 하루하루 시간만 가는 상황이었죠. 저는 애가 타서 집주인에게 여러 번 연락했지만, 집주인도 여유자금이 없어서 딱히 방법이 없는 상황이었는데요. 처음으로 내용증명까지 보내야 하나 고민도 했습니다. 다행히 집주인이 주변 지인에게 돈을 빌려서 전세금을 돌려받을 수 있었지만, 지금도 그때 생각하면 아찔합니다.

임차인이 전세금을 안전하게 돌려받을 수 있는 방법이 한 가지 있습니다. 전세보증보험을 가입하는 것인데요. 보증보험을 가입하면 집주인이 보증금을 내어주지 못할 때, 임차인이 보증보험사에서 전세금을 받을 수 있습니다. 그렇기 때문에 안전하죠. 간혹 보험료가 아깝다고 가입을 안 하는 사람도 있습니다. 문제가 생기면 전 재산을 잃을 수도 있으니 보증보험 가입은 필수로 해야겠습니다.

만약 전세보증보험을 가입하지 않았다면 어떻게 전세금을 지킬수 있을까요? 첫 번째, 대항력을 유지해야 합니다. 즉, 점유와 전입을 다른 곳으로 옮기면 안 됩니다. 만약 새로운 집을 계약해서 이사를 가야 한다면 어떻게 해야 할까요? 피치 못한 상황으로 이사를 해야 하더라도 대항력은 유지해야 합니다. 몸은 이사하더라도, 전입신고를 옮기지 않고 집 안에 일부 짐은 남겨놓는 것이죠.

하지만 그것도 여의치 않을 수 있습니다. 이사하는 집에 대출을 받아야 한다면 전입을 옮겨야 하기 때문이죠. 그럴 때는 임차권등기를 할 수 있습니다. 방법은 임차권등기명령 신청을 해야 하는데요. 임차권등기라고 어렵지는 않습니다. 임대주택 소재지 관할 법원에 임차인 단독으로 신청할 수 있습니다. 혼자 하기 어렵다면 법무사의 도움을 받아서 할 수도 있습니다. 임차권등기가 완료되면 점유와 전입을 유지하지 않더라도 대항력을 갖추게 됩니다.

임차권등기는 간단하나, 전세금을 반환받는 여정은 이제부터 시작입니다. 바로 법원에 전세금반환청구소송을 해야 하기 때문이죠. 집주인이 전세금을 반환해주지 않으면 결국 소송까지 가야 합니다. 앞에서 전세권 설정을 한 경우에는 임차인이 바로 경매를 넣을 수 있지만, 임대차보호법상의 대항력은 경매를 넣을 수 있는 권한은 없습니다. 결국 법원에 소송을 해 판결을 받아야 하는 것이죠. 소송은 최소 6개월 이상이 걸립니다. 소송에 이기더라도 바로 전세금을 받을 수 있는 것은 아닙니다.

소송에 이기면 그제야 판결문을 가지고 부동산에 경매를 넣을 수 있습니다. 전세권이 바로 경매를 넣을 수 있는 것과 비교되죠? 경매는 대략 1년 정도가 걸립니다. 이 시간이 걸려서라도 전세금을 다 돌려받으면 그나마 다행입니다. 낙찰금액이 전세금 밑으로 떨어지면 전세금을 다 돌려받지 못하는 경우도 생깁니다. 특히, 빌라나 오피스텔같이 매매가와 전세가가 차이가 별로 나지 않는 것들이죠. 그래서 전세에 입주할 때 이렇게 매매가와 전세가의 차이가 크지 않은 것은 나중에 돌려받을 때 문제가 될 수 있으니 주의해야겠습니다.

건축자금대출

32
나도 건축주 한번 되어볼까?

 '조물주 위의 건물주' 바야흐로 건물주 전성시대입니다. 요즈음 어린이들한테 커서 무엇이 되고 싶은지 조사를 했습니다. 많은 어린이들이 건물주라고 답했다고 하는데요. 현실을 일찍 깨달아버린 것일까요? 원대한 꿈을 꿔야 할 어린이들의 꿈이 건물주라니 씁쓸한 현실입니다. 제가 어렸을 때를 떠올려보면 대부분 대통령, 과학자, 선생님 같은 것을 말했던 것 같은데요.

 금융기관에서 일하면서 많은 건물주를 만났습니다. 아마 이 일을 하지 않았으면 평생 건물주를 만날 일이 없다거나, 건물주에 대해 막연하게만 부럽다고 생각했을지도 모르겠습니다. 많은 건물주를 만나고, 대출을 통해 건물주가 되는 것을 도왔습니다. 간접적으로 많은 경험을 할 수 있었는데요. 지금부터 여러분께 건물주가 되는 2가지 방법을 소개해드리도록 하겠습니다.

171

첫 번째 방법은 지어놓은 건물을 매수하는 방법입니다. 대부분의 건물주들이 택하는 방법이죠. 이미 지어진 건물을 구입하는 것이기 때문에 안전합니다. 하지만 그만큼 가격이 비싸다는 단점이 있는데요. 부동산이라는 것이 토지 상태일 때 잠재 가치가 가장 높고, 건물이 지어질수록 잠재 가치가 작아집니다. 그렇기 때문에 이미 지어진 건물을 산다는 것은 제값을 다 주고 산다고 생각하셔야 합니다.

두 번째 방법은 건물을 직접 짓는 방법입니다. 건물을 직접 짓는 것은 비교적 저렴하다는 장점이 있는데요. 하지만 그만큼 복잡하고 위험도가 큽니다. 오죽하면 '건축하면 10년 늙는다'라는 말까지 있겠어요. 저는 부동산을 구입하는 것은 투자지만, 건물을 짓는 것은 사업이라고 생각하는데요. 그만큼 쉽지 않습니다. 자기 사업이라는 마음가짐을 가져야만 잘 마무리할 수 있습니다. 안일한 생각으로 건축에 덤벼든 사람은 끝이 좋지 않더라고요. 지금부터 건축의 과정을 대략적으로 소개해드리도록 하겠습니다.

먼저 건물을 짓기 위해서는 토지가 있어야 합니다. 이미 토지를 소유하고 있다면 그 위에 건물을 올리면 됩니다. 대부분은 땅을 구입하는 것에서 시작합니다. 저는 좋은 땅을 구입하는 것이야말로 건축에 있어서 가장 중요한 토대라고 생각합니다. 여러분도 아시다시피 우리나라 땅덩어리는 좁습니다. 특히, 우리나라 인구의 절반이 거주하고 있는 수도권지역 같은 경우에는 그 정도가 더 심한데요. 수도

권지역에서 빈 땅을 찾기는 힘듭니다. 있더라도 가격이 비싸죠. 그래서 빈 땅뿐만 아니라 노후 건물이 있는 땅까지 그 대상을 넓혀서 찾아보는 것이 좋습니다. 노후 건물은 어차피 건물의 가치가 많이 떨어지기 때문에 가격에 거의 반영이 안 됩니다.

하지만 노후 주택을 매입했을 때 단점이 있습니다.

노후 주택을 매입하면 주택담보대출규제에 적용받는다는 것인데요. 대출이 적게 나올 수 있는 것이죠. 예전에는 다가구주택이나 1개 동짜리 다세대주택같이 소규모 건축의 경우에는 가계자금대출로 진행하기도 했습니다. 하지만 지금은 DSR 규제 때문에 가계자금대출은 어렵습니다. 기업자금대출로 진행해야만 하죠. 앞에서 기업 주택담보대출규제에 대해 설명해드렸던 것 기억나시죠? 다시 한번 복습하자면, 기업(개인사업자, 법인)이 주택을 구입할 때 임대, 매매 사업자는 LTV 60%(규제지역 30%)가 가능하며, 그 외 업종은 대출이 불가합니다. 즉, 노후 주택을 매입한다면 임대, 매매사업자를 내서 진행해야만 대출을 받을 수 있는 것이죠.

물론, 빈 땅을 구입하면 대출이 더 많이 나옵니다. 빈 땅은 주택이 아니기 때문에 주택담보대출규제에 적용되지 않기 때문이죠. 통상적으로 80%까지 대출이 나옵니다. 주택을 구입하는 것과 꽤 차이가 나는데요. 그럼 노후 주택보다 빈 땅을 구입하는 것이 더 유리한 것 아닌가요? 하지만 정답은 없습니다. 다만 제 경험상 빈 땅은 더 비쌉니다. 노후 주택을 매입해서 건축 가능한 토지로 만드는 데 드는 시간과 비용이 추가되니까요. 가격은 시장이 결정한다는 말이 있습니다. 예를 들어서 말씀드려볼게요. 한번은 이런 적이 있습니다. 고객님께서 성동구에 신축 건물을 짓기 위해 땅을 알아보고 계셨습니다. 2개 부지 중에 고민 중이셨는데, 저한테 어떤 땅을 구입하면 좋을지 물으셨습니다.

2개의 땅 입지와 면적은 비슷했습니다. 크게 차이가 없었죠. 하지만 하나는 건축허가까지 난 빈 땅(나대지) 상태였고, 나머지 하나는 노후 건물에 임차인까지 있는 상황이었죠. 건축허가가 난 빈 땅이 가격이 20% 더 비쌌는데요. 총가격 기준으로 2억 원가량 차이가 났죠. 앞에서 말씀드렸던 프리미엄 비용이 붙은 것이죠. 저는 고객님께 어떤 것을 선택하시라고 조언을 드렸을까요?

일단 2개의 토지 가치를 비교해봤습니다. 입지와 면적은 큰 차이가 없었습니다. 건축허가 난 땅에 2억 원의 프리미엄이 있다고 말씀드렸죠. 앞에서 제가 잠재 가치에 대해 말씀드렸잖아요. 이것도 비슷한 경우입니다. 현재 임차인이 있다면 임차인 명도 작업을 해야 합니다. 이후 건물을 철거하고, 건축허가 진행도 해야 하니 그만큼의 프리미엄이 붙어 있는 것이죠.

명도 작업만 해도 쉬이 할 수 있는 것이 아닙니다. 명도를 완료하지 못해서 건축을 못하는 상황이 부기지수입니다. 그동안 이자 비용도 만만치 않죠. 결국 고객님은 저렴한 노후 주택을 선택하셨습니다.

이렇게 마무리하면 섭섭하니 제가 한 가지 팁을 드리도록 하겠습니다. 바로 노후 건물을 매입할 때 대출을 많이 받는 방법인데요. 일반적으로는 주택을 구입할 때 60%, 그냥 나대지를 구입할 때는 80%까지 대출이 가능하다고 말씀드렸습니다. 앞에서는 노후 주택을 기준으로 말씀드렸습니다. 하지만 노후 주택이 아닌 노후 상가를 매입한다면 어떨까요?

상가를 구입하면 주택담보대출규제를 적용받지 않을 수 있습니다. 나대지와 마찬가지로 최대 80%까지 대출을 받을 수 있는 것입니다. 또한 상가주택 기억나시나요? 제가 앞에서 상가주택에 대해 설명해 드렸는데요. 상가주택은 상가와 주택의 비율에 따라 주택 또는 비주택으로 분류된다고 말씀드렸습니다. 또한, 일부 금융기관은 비율과 상관없이 상가주택을 비주택으로 분류한다고 했습니다. 옛날 건물 중에는 의외로 상가주택이 많습니다. 만약 여러분이 상가주택(비주택으로 분류될 때)을 매입해서 대출을 받으면, 주택담보대출규제를 적용받지 않을 수도 있는 것이죠. 이 부분을 많이들 모르시기 때문에 꼭 기억하시면 좋겠습니다.

한번은 용산구에 토지 대출 의뢰가 들어와서 현장 실사를 갔습니

175

다. 저는 현장에 나가면 주변 부동산 중개사무소에 꼭 들릅니다. 그 지역의 시세는 부동산 중개사무소 사장님께서 가장 잘 알고 계시기 때문이죠. 이날도 주변 부동산 중개사무소를 찾았는데, 사장님께서 대출에 대해서 물어보시더라고요. 손님 중에 건축 가능한 토지를 찾는데, 빈 땅이 없어서 노후 주택을 매입해야 하는데 대출이 너무 안 된다고요. 지금은 60%라도 나오지만, 이때는(2022년) 임대·매매사업자로 주택을 매입하면 아예 대출이 안 되었습니다. 저는 사장님께 상가주택은 비주택으로 분류할 수 있다고 말씀드렸습니다. 매매가의 80%까지 대출이 가능하다고요. 사장님은 적당한 상가주택 매물이 있는데 손님께 말씀드려야겠다며 고맙다고 하셨습니다.

사실 부동산 중개사무소 사장님들이 그 지역 시세는 가장 잘 아시지만, 이런 부동산 대출규제까지 정확히 아시는 분은 많이 없습니다. 그래서 저는 부동산 시세에 대한 도움을 받고, 사장님에게는 대출에 대한 도움을 드리는 것이죠.

그럼 이제 토지 매입에 대해 알아봤으니, 본격적으로 건축에 대해서 알아봐야겠죠?

33
건축자금대출
얼마나 받을 수 있을까요?

본격적으로 건축자금대출에 대해서 알아보도록 하겠습니다. 이제부터 정말 중요하니 잘 따라오시기를 바랍니다. 아마 건축자금대출이라는 말은 생소하셔도 PF대출은 익숙하게 들어보셨을 거예요. 언론에서 PF대출이라는 용어를 많이 사용하니까요. PF는 '프로젝트(project) 파이낸싱(financing)'의 약자입니다. 현재는 건물이 없지만, 미래에 지어질 건물까지 담보로 대출을 취급하는 것을 말하는데요.

건축자금대출은 규모에 따라 2가지로 분류합니다. 다가구주택, 상가주택, 1동짜리 다세대주택 같이 규모가 작은 것과 규모가 큰 여러 동 다세대주택, 오피스텔, 아파트 등이죠. 규모에 따라 나눈 이유는 규모에 따라 대출취급 방법이 다르기 때문인데요. 또한, 규모에 따라 취급 명칭이 다르기도 합니다. 규모가 작은 것은 기성고대출, 규모가 큰 것은 PF대출이라고 부르죠. 그렇다고 명칭을 외울 필요는 없습니다. 단지 금융회사에서 이렇게 부른다는 것이니까요. 여러분은 그냥 건축자금대출이라고 통틀어서 알고 계시면 됩니다.

먼저 규모가 작은 다가구주택, 상가주택의 건축자금대출 취급 방법에 대해서 설명해드리겠습니다. 소규모대출은 대부분 2금융권에서 취급합니다. 1금융권 은행에서 취급하기도 하지만 드물죠. 아무래도 이런 건축자금대출은 관리하기가 힘들어서인데요. 일반 담보대출의 경우에는 대출이 나간 후에 크게 신경 쓸 것이 없습니다. 하지만 건축자금대출 같은 경우에는 대출이 나가는 순간 관리할 것이 많습니다.

그 이유는 공사비를 지급해줘야 하기 때문입니다. 앞에서 PF대출은 앞으로 지어질 건물 가치까지 대출을 해주는 것이라고 했습니다. 그렇다고 은행에서 건물이 지어지지도 않았는데, 일시에 모든 대출금을 지급해주지는 않습니다. 대출금이 지급된 후 건물이 제대로 지어지지 않으면 큰 손실이 생기기 때문인데요. 보통 건축자금대출은 공사 진행에 따라서 대출금을 지급합니다. 예를 들면, 공사가 20% 진행되면 20%만큼 대출금을 지급하고, 50% 진행되면 50%만큼 지급하는 것입니다. 이렇게 해야만 대출금이 공사비가 아닌 다른 데 사용되는 것을 막을 수가 있죠.

보통 이런 소규모대출의 대출한도는 토지비의 80%와 공사비의 70%를 합한 금액만큼입니다. 예를 들어, 토지비가 10억 원, 공사비가 10억 원일 때 기준으로 계산해보겠습니다. 토지비 10억 원의 80%인 8억 원과 공사비 10억 원의 70%인 7억 원을 합하면 총 15억 원입니다. 15억 원만큼 대출이 가능한 것이죠. 앞에서 말씀드린 대로

15억 원을 바로 지급하는 것은 아닙니다. 토지비 대출 8억 원은 일시에 지급하지만, 공사비 대출 7억 원은 나눠서 지급합니다.

예를 들어, 공사가 20% 완료되면 공사비 대출금액의 20%인 1억 4,000만 원을 지급합니다. 추후 공사 완성이 40%가 되면 또 1억 4,000만 원을 지급합니다. 이렇게 20%, 40%, 60%, 80%, 100% 총 5차례에 걸쳐서 1억 4,000만 원씩 지급을 하는 것입니다. 위의 방식으로 대출금을 지급하는 것은 같지만, 금융회사마다 세부적인 지급 방법은 조금씩 다릅니다. 어떤 곳은 30%, 50%, 100% 이렇게 3번에 걸쳐서 지급하기도 합니다. 사전에 지급 시기와 지급 방법은 금융회사와 조율할 수 있습니다. 다만 공사가 진행된 것보다 더 많은 대출금을 지급할 수는 없습니다.

이번에는 다세대주택, 오피스텔, 아파트 등 대규모 건축자금대출에 대한 취급 방법에 대해 설명해드리도록 하겠습니다. 대규모 건축자금대출은 대부분 신탁을 활용합니다. 앞에서 배웠던 담보신탁이 아니라 관리형토지신탁이라는 상품인데요. 여러분께서 관리형토지신탁이 무엇인지 정확히 아실 필요는 없습니다. 단지 신탁사가 사업의 주체가 된다는 것만 아시면 충분합니다. 즉, 이런 대규모 건축사업 같은 경우에는 자금 관리를 투명하게 하고, 건축물 관리를 안전하게 하기 위해 신탁회사가 사업의 주체가 되는 것입니다.

179

이렇게 대규모 사업장은 신탁사가 관리하는 이유가 있는데요. 바로 우리나라는 건물을 짓기 전에 먼저 분양하는 선분양제도가 활성화되어 있기 때문입니다. 우리는 물건을 살 때 대부분 실물을 직접 보고 삽니다. 하지만 아파트 분양은 다른데요. 몇억 원이 넘는 아파트를 살 때는 아직 지어지지도 않은 아파트를 선뜻 구입합니다. 또한, 총금액의 70%(계약금+중도금)를 건물이 지어지기 전에 납부합니다. "소비자에게 불리한 계약 아니냐고요?" 계약만 보면 그렇습니다. 하지만 새 아파트에 대한 수요가 워낙 많다 보니 이런 점을 감안하더라도 많이들 분양을 받고자 합니다.

만약 이렇게 많은 사람들이 분양을 받았는데, 건물이 제대로 안 지어진다면 어떨까요? 건물을 짓다가 멈출 수도 있는 것이니까요. 정부는 이런 불상사를 최소화하기 위해 이런 대규모 건축사업은 신탁사에서 사업의 주체가 되도록 했습니다. 신탁사가 사업을 관리하면 최소한 공사비를 제대로 지급하지 않아서 부도를 내는 것은 막을 수 있으니까요.

PF대출의 대출한도는 앞의 소규모 현장과는 다르게 계산 방식이 복잡합니다. 소규모 건축자금의 경우, 토지비와 건축비만 계산했지만, 이런 PF대출은 토지비, 건축비, 금융비, 기타 제비용까지 계정을 세세하게 관리하기 때문인데요. 지면상 자세한 방법을 말씀드리기는 어렵겠지만, 앞에서 소개해드렸던 것과 마찬가지로 공사가 진행된 만큼 대출이 지급된다는 것은 동일합니다.

34

건물 준공 후에 담보대출이 되나요? 일명 미분양 담보대출!

'분양 완판! 경쟁률 100:1', 이런 기사 본 적 있으시죠? 부동산 경기가 좋을 때는 짓기만 하면 분양이 완판되고, 경쟁률 또한 어마어마했습니다. 떴다방들이 기승을 부렸고, 정부는 투기꾼과의 전쟁을 선포했습니다. 하지만 작년부터는 '미분양, 계약률 저조, 할인 분양' 같은 부정적인 기사가 많이 보입니다. 부동산 경기가 좋을 때는 입지, 가격 등 상관없이 너도나도 아파트 분양을 받으려고 했지만, 경기가 꺾이니 모두 관심을 뚝 끊은 것이죠. 그렇다고 건설사는 건축을 취소할 수도 없습니다. 이미 건축허가까지 받아놓았기 때문에 예정대로 건축을 진행해야 하죠. 그럼 이렇게 수요자의 선택을 못 받은 아파트는 어떻게 되는 것일까요? 모두 미분양 악성 재고가 되는데요. 이번에는 이런 미분양 담보대출에 대해서 알아보도록 하겠습니다.

건설사는 PF대출을 통해 아파트를 짓습니다. 분양이 원활하게 되면 분양자금으로 PF대출 상환이 가능하지만, 분양이 안 되면 난감

합니다. 왜냐하면 건축자금대출은 건물이 다 지어지면 상환해야 하기 때문인데요. 건설사에서는 분양이 안 되면 건축자금대출을 상환할 수 없고, 결국 은행은 법적조치를 통해 회수해야 합니다. 이런 상황이 계속 발생하면 우리나라 경제에 큰 타격입니다. 건설사와 하도급사들은 도산합니다. 돈을 떼인 은행도 부실화될 것이고요. 부동산 경기가 폭락하는 것은 두말할 것 없을 것입니다.

정부에서는 이렇게 경제가 무너지는 것을 원하지 않습니다. 그래서 미분양 상품에 대해서도 HUG보증 같은 보증서를 통해 은행에서 대출을 할 수 있게 해줬습니다. 즉, 대출만기가 건물 준공 시까지인 건축자금대출을 일반 담보대출로 전환할 수 있게 해준 것이죠. 정부에서 이렇게 보증서까지 발급하는 이유는 은행에서 미분양 담보대출을 꺼리기 때문입니다. 앞에서 건물이 완성될수록 잠재 가치는 적어진다고 말씀드렸던 것 기억하시죠? 미분양 아파트는 이미 고객의 선택을 받지 못했다는 낙인이 찍혔습니다. 아파트는 이미지가 중요합니다. 한번 미분양, 할인 분양 등의 이미지가 박히면 추후에도 고객의 선택을 받기가 어렵습니다. 결국, 은행에서는 이런 미분양 물건에 대한 담보대출을 진행해봤자, 나중에는 부실 채권이 될 확률이 높으니 꺼릴 수밖에 없는 것이죠.

그래서인지 부동산 경기가 꺾이면서 금융회사들은 미분양 물건에 대한 담보대출을 자체적으로 제한하기 시작했습니다. 예를 들어, 분양 또는 임대가 70% 이상 충족한 경우에 한해서만 대출이 가능하고, LTV도 50% 이내로만 대출이 가능합니다. 즉, 아파트가 70% 분양이 된 곳, 또는 분양이 안 되더라도 임대가 70% 이상 맞춘 곳에 한해서만 대출을 해주겠다는 의미입니다. 한도도 딱 50%만큼만요. 하지만 현실에서 이 이야기는 대출을 안 해주겠다는 의미로 해석합니다.

건설사는 미분양담보대출을 받아서 PF대출도 상환하고, 잔여 공사비도 치릅니다. 그런데 앞의 예시처럼 분양률이 70%가 넘으면 미분양담보대출을 받을 필요가 없습니다. 수분양자의 분양대금만으로도 충분히 PF대출과 잔여 공사비를 치를 수 있기 때문이죠. 결국 무조건 안 된다고 할 수는 없으니, 이렇게 허들을 높여놓은 것입니다. 실제 현장에서는 미분양담보대출이 안 된 지 오래입니다.

그럼 이렇게 금융회사에서 대출을 안 해주면 어떻게 되는 것일까요? 혹시 건물에 '유치권 행사 중'이라는 현수막을 보신 적이 있으신가요? 아마 못 보신 분도 계실 텐데요. 원래 아는 만큼 보입니다. 이제 배웠으니, 앞으로는 '유치권 행사 중'이라는 현수막이 보일 것입니다. 유치권은 공사업체에서 공사금을 받지 못했을 때 하는 최후의 조치입니다. 다만, 공사업체에서 유치권을 행사한다고 바로 공사금을 받을 수 있는 것은 아닙니다. 하지만 이것조차 안 하면 건물이 경매로 넘어가더라도, 공사업체는 받을 수 있는 돈이 없습니다. 유치권이 유일한 권리 행사인 것이죠.

즉, 은행에서 대출을 안 해주면 이렇게 공사 현장이 부도가 납니다. 부도만은 피하기 위해 간혹 대부업체 같은 곳에서 고금리로 대출을 받기도 합니다. 대부업체에서 대출을 받으면 최소 10%가 넘는 금리를 내야 하기 때문에 부담이 큽니다. 하지만 부도가 나는 것보다는 나으니 '울며 겨자 먹기'로 대출을 받을 수밖에 없죠.

보통 건축자금대출을 레버리지의 끝판왕이라고 합니다. 작은 자본금으로도 큰 대출을 받을 수 있기 때문인데요. 하지만 레버리지는 양면성이 있습니다. 건축을 성공적으로 완성하면 이익 또한 굉장히 클 수 있습니다. 하지만 지금같이 힘든 상황이라면 가진 것을 모두 잃어버릴 수도 있는 것이죠.

다음 장에서는 현재 언론에서 말하는 것처럼 PF대출 사태가 정말 심각한지 한번 살펴보도록 하겠습니다.

35
주변에서 PF대출이 뇌관이라고 하던데, 정말 심각한가요?

　'PF대출 위기, 금융권 전반으로 퍼지나?' 요즘 언론에서 이런 자극적인 기사들을 쏟아내고 있습니다. 부동산 경기 하락에 대한 여파 때문인데요. 그런데 과거에도 이런 사태가 있었습니다. 2009년에 미국의 대형 투자 은행인 리먼브라더스 은행이 파산했던 리먼 사태입니다. 리먼 사태는 우리나라뿐만 아니라 전 세계에 큰 타격을 줬습니다. 전 세계 주가가 폭락하고, 부동산도 폭락했죠. 특히 우리나라는 PF대출 취급 비중이 높은 저축은행이 큰 타격을 입었습니다. 이때 많은 저축은행이 문을 닫거나, 흡수합병되었습니다.

　지금도 그때와 사정이 비슷합니다. 그때 상황을 정확히 알아보기 위해 2010년 저축은행 사태를 들여다봤는데요. 마침 2011년 기사가 있어서 소개해드리겠습니다.

　'"발등의 불" 저축은행 PF 부실 위기'라는 제목의 기사인데, 본문에 이런 내용이 나옵니다. '저축은행이 투자한 부동산 PF는 다른 금

2011 PF 부실 기사

이데일리 · 2011.01.02. · 네이버뉴스

[2011 금융]⑥`발등의 불` 저축은행 PF부실 위기

- 금융당국 "상반기내 **저축은행** 문제 가닥잡겠다" - 캠코 최대 3.5조 **저축銀 PF부실** 추가 매입 방침 - **저축은행 위기** 진화 기로..M&A 매물 늘어날 듯 [이데일리 김국헌 김도년 기자] 금융위원회는 올해 상반기내 **저축은**...

세정신문 · 2011.09.29.

저축은행 영업정지 사태...서민들만 울상

이제라도 **저축은행 부실**의 원죄는 부동산 프로젝트파이낸싱(**PF**)대출에 있듯이 **부실**한 건설사를 하루 빨리 정리하고, 경영진을 포함 강력한 구조조정을 단행하는 등 정부당국의 철저한 관리감독이 뒤따라야 한다. 하지...

머니투데이 · 2011.08.09. · 네이버뉴스

[더벨]까도까도 나오는 PF부실... `칼`써야 할때

개발을 전제로 땅값을 부풀리고 편법을 동원해 연체를 막았지만, **금융위기** 이후 부동산 경기 침체가 지속되자 **저축은행 PF**는 가장 먼저 타격을... 1220억원은 **저축은행**에게 **발등**에 떨어진 불이다. ◇ 2차 연착륙 vs **부실**...

출처 : 네이버

융사보다 질이 떨어지는 브리지론이 대부분이다. 따라서 부동산 경기가 풀리더라도 투자 자금을 가장 늦게 회수할 공산이 크다.'

　PF대출은 앞에서 배워서 알겠는데 브리지론이라는 말은 생소하실 텐데요. 브리지론이란, 말 그대로 '다리' 역할을 하는 대출입니다. PF대출이 일어나기 전에 잠시 받는 '단기 토지대출'이라고 생각하시면 이해가 편하실 것 같네요. 앞에서 건축의 시작은 토지 구입이라고 말씀드렸던 것, 기억나시나요? 먼저 건물을 짓기 위해서는 토지를 확보해야 하는데요. 브리지론을 이용해 토지를 확보한 후, 건축인허가

를 득한 후에 PF대출을 일으키는 것이죠.

기사 내용에 보면 '질이 떨어지는 브리지론'이라는 표현을 썼는데요. 그럼 왜 브리지론을 질이 떨어진다고 표현한 것일까요? 먼저 브리지론은 단기 대출입니다. 보통 만기가 1년 이내의 대출이기 때문에, PF대출로 전환이 되지 않으면 결국 부실로 가게 될 확률이 높은 것입니다. 또한, 브리지론은 대출기간 동안 수익이 발생하지 않습니다. 수익은 발생하지 않고, 대출이자만 발생하기 때문에 현금흐름이 좋지 않습니다. 반면에 일반 수익형 부동산은 대출이자보다 월세 수익이 많습니다. 브리지론과 다르게 대출기간이 길더라도 월세를 받아서 대출이자를 내면 되기 때문에 부실이 생길 확률이 적습니다.

브리지론에 비하면 PF대출도 안전한 편에 속합니다. PF대출은 공사 기간 동안에 공사비, 이자 비용 등 모든 사업비를 대출로 확보합니다. 즉, 공사 기간 동안은 사업비가 모자라서 공사가 멈추는 일은 발생하지 않는 것이죠. 그래서 브리지론에 비하면 PF대출은 안전하다고 하는 것입니다.

브리지론은 토지대출이기 때문에 부실이 된다고 해서 모두 손실은 보는 것은 아닙니다. 경·공매 등 법적조치를 통해서 대출금을 회수할 수도 있죠. 다만 여기에도 몇 가지 문제가 있는데요. 브리지론은 대체로 개발을 전제로 진행합니다. 그렇기 때문에 일부 시행이익이 포함되어서 토지 가격을 평가하는데요. 사정이 이렇다 보니 예정대로 건축이 진행되지 못하는 경우에 가격의 하락이 꽤 클 수 있습니다. 심지어는 대출금을 다 회수하지 못할 정도로요.

정말 중요한 문제는 대출이 부실화되면서 은행의 건전성 지표에 악영향을 미친다는 것입니다. 자산건전성이라는 개념은 아마 생소하실 텐데요. 쉽게 말해서 은행에서 보유하고 있는 자산의 등급을 매기는 것인데요. 우량자산은 정상으로, 비우량자산은 고정 이하 채권으로 분류합니다. 정상은 대출금액의 1%를 대손충당금으로 쌓고, 고정 이하 채권은 대출금액의 20%에서 많게는 100%까지 대손충당금을 쌓게 되죠.

대출을 등급에 따라 분류한 것이 자산건전성 분류입니다. 한우도 품질에 따라 2+등급, 1+등급 등 여러 등급이 있잖아요. 대출도 마찬가지예요. 우량한 대출은 정상으로 분류하고, 문제가 있는 대출은 고정 이하로 분류해서 미리 부실에 대비하는 것이죠. 결국 PF대출로 전환되지 않은 브리지론이 모두 부실이 되면서, 금융회사는 상당히 많은 대손충당금을 쌓아야 합니다. 이것이 은행 부실의 원인이 되는데요.

대손충당금을 많이 쌓게 되면 은행은 손실을 보게 됩니다. 실제로 예전에 저축은행들이 이렇게 손실이 발생하면서 부실화되었는데요.

PF대출 위기라고 소문만 무성하다가 실제로 손실이 발생하자 고객들이 예금을 빼기 시작한 것이죠. 이런 대규모 인출사태를 '뱅크런'이라고 부르는데요. 실제로 어느 금융기관도 이렇게 고객이 대량으로 돈을 인출하면 버텨낼 재간이 없습니다. 은행에서는 고객의 예금을 받아서 대출 또는 투자 등으로 운용하기 때문에, 당장에 현금을 보유하고 있지 않기 때문인 것이죠.

결국 이때 많은 저축은행이 문을 닫았는데요. 그럼 지금은 어떨까요? 과거와 똑같이 될까요? 저는 이번에는 좀 다를 수 있다고 생각합니다. 바로 학습효과 때문입니다.

우리는 저축은행 사태를 통해 이런 과정을 한 번 겪어봤습니다. 정부 또한 심각성을 잘 알고 있죠. 정부가 발 빠르게 대처한다면 큰 문제 없이 잘 넘어갈 수도 있다고 생각합니다. 정부가 나서야 하는 이유는 현대 사회는 모두 연결되어 있기 때문입니다.

현대 사회의 금융업은 모두 연결되어 있기 때문에 한 곳이 위기가 생긴다고 거기서 끝나지 않습니다. 그 위기가 번져서 다른 금융기관까지도 타격을 입을 수 있습니다. 심하면 경제위기로까지 갈 수 있습니다. 그렇기 때문에 정부의 역할이 중요한 것이죠.

경락잔금대출

36
경락잔금대출이
무엇인가요?

 부동산 경기가 꺾이니 투자 열기도 따라서 식었습니다. 하지만 경매만은 예외인데요. 지금같이 금리가 올라가고, 부동산 가격이 내려가면 은행 연체율이 올라갑니다. 실수요자, 투자자 구분 없이 무리하게 대출을 받은 분들은 이자를 감당하지 못하는 것이죠. 그래서 경기가 안 좋아지면 경매 건수가 늘어나게 됩니다. 진짜 경매 고수들은 부동산 상승기 때는 활동을 안 하다가, 부동산 하락장이 시작되면 본격적으로 활동을 시작하는데요. 일반인들과는 반대로 행동하는 것이죠. 옛 투자 격언에 이런 말이 있습니다. '부자가 되려면 대중과 반대로 하라' 경매에 딱 들어맞는 말이 아닌가 싶네요.

 대부분의 전문가들이 부동산 공부는 경매부터 시작하라고 조언하는데요. 그 이유는 경매의 핵심인 권리분석 때문입니다. 실거주 부동산을 찾든지, 다른 부동산 투자를 하더라도 권리분석은 필수이기 때문이죠. 하지만 이 권리분석이라는 것이 민법을 기본으로 하기 때문에 일반인이 쉽게 이해하기에는 어려운 것도 사실입니다. 이럴 때 좋은 꿀팁을 하나 알려드리겠습니다. 바로, 은행을 이용하는 것인데요. 보통 부동산을 구입할 때는 공인중개사의 도움을 받습니다. 다만 경매는 공인중개사를 통해서 거래를 하는 것이 아니기 때문에 도움을 받기 어려운데요. 경매는 은행에 도움을 받을 수 있습니다.

어떻게 은행의 도움을 받을 수 있을까요? 경매 물건이 대출이 되는지, 안 되는지 알아보시는 것입니다. 쉽게 말해서 은행에서 대출이 가능하다고 하면, 낙찰받아도 되고, 은행에서 대출이 안 된다고 하면 낙찰받으면 안 된다고 생각하는 것입니다. 물론, 이 기준이 100% 맞다고 할 수는 없지만, 일차적인 기준은 될 수 있을 것 같습니다. 저도 많은 경매 대출 상담을 받습니다. 대부분이 경매 낙찰을 받기도 전에 대출이 되는지, 안 되는지 알고 싶어 하시죠. 혹여나 낙찰받았는데 대출이 안 되면 잔금을 치르지 못할 수도 있으니까요. 그래서일까요? 경매는 여러분의 생각보다 계약금을 포기하는 사례가 많습니다. 권리분석을 잘못한 결과인 것이죠.

그럼 대표적으로 경락잔금대출이 안 되는 사례를 알아보도록 하겠습니다.

첫째, 대항력 있는 임차인이 있는 경우입니다. 앞에서 전세자금대출을 설명해드리면서 세입자의 대항력에 대해 설명해드렸던 것을 기억하시나요? 복습하자면 임차인은 점유와 전입신고를 마치면 대항력을 가집니다. 즉, 해당 집이 경매에 넘어가더라도 계약기간까지 거주할 수 있는 권리는 물론, 경매 낙찰자에게 보증금 반환을 요구할 수 있는 것이죠. 한번 예를 들어서 말씀드려보겠습니다.

서울의 감정가 2억 원 다세대주택에 임차인이 전세 1억 원에 거주하고 있습니다. 소유자는 이 집을 담보로 추가대출을 받았고, 추후 대출을 갚지 못해서 은행에서 경매에 넘겼는데요. 이 경우, 임차인은 근저당권자 은행보다 선순위이기 때문에 대항력을 갖추고 있습니다.

그럼 이 주택을 1억 5,000만 원에 낙찰받았다면, 싸게 받은 것일까요? 그렇지 않겠죠. 낙찰받은 금액은 1억 5,000만 원이지만 실제로 전세보증금 1억 원을 인수해야 하기 때문에 총매매가는 2억 5,000만 원일 것입니다. 여러분은 누가 이런 실수를 하나 생각하시겠지만, 많은 분들이 실수합니다. 이렇게 단순한 권리분석도 하지 못하면서 경매에 뛰어드는 사람은 없을 테니 대부분 실수겠죠.

이런 경우에는 계약금을 포기하는 것이 낫습니다. 감정가보다도 5,000만 원 비싸게 사는 것보다 계약금만 날리는 게 손해가 적죠. 만약 은행에 대출이 가능한지 먼저 확인했다면 어땠을까요? 은행에서는 대출이 안 된다고 했겠죠. 낙찰자보다 선순위 권리인 임차인이 있으니까요. 이렇게 은행에 한 번 더 확인해본다면 실수할 일을 많이 줄일 수 있을 것입니다.

37

주택의 경락잔금대출 얼마나 되나요?

　세계적인 투자자 워런 버핏(Warren Buffett)의 투자 격언 중에 '싸게 사서 비싸게 팔아라'라는 말이 있습니다. 주식뿐만 아니라 부동산 투자에도 이 말은 예외 없이 적용됩니다. 부동산 투자는 분양권 투자, 갭 투자, 경매 등 종류가 많습니다. 그중에 경매를 선택하는 이유는 명확합니다. 시세보다 싸게 살 수 있기 때문인데요. 하지만 경매는 다른 부동산 투자에 비해 품이 많이 들어갑니다.

　경매는 낙찰받으면 그때부터 시작입니다. 점유자가 있다면 점유자를 내보내야 합니다. 점유자를 집에서 내보내기 위해서는 별도의 명도 절차를 밟아야 합니다. 법원에 명도 집행을 신청해야 하고, 명도 집행을 하는 데 시간과 돈이 들어갑니다. 그래서 낙찰자는 점유자와 협상을 시도합니다. 이사비와 위로비를 줄 테니 자진해서 나가달라고 합니다. 낙찰자는 명도 집행을 하는 데 들어가는 집행 비용과 시간을 아낄 수 있고, 점유자는 그냥 쫓겨나는 것보다 이사비용이라도 받고 나갈 수 있으니 서로 윈-윈(win-win)인 것이죠. 하지만 말이 쉽지, 실제로 이런 협상이 단번에 되는 것은 아닙니다. 협상력과 많은 경험이 있어야 순조롭게 마무리할 수 있습니다.

경매는 다른 부동산 투자와는 다르게 집 내부를 확인할 수가 없습니다. 일반 부동산은 공인중개사를 통해서 집에 하자가 있는지, 물은 새는지 등을 점검할 수 있습니다. 반면에 경매는 내부를 확인할 수 없습니다. 경매 나온 집에 문을 두들기고 "경매 낙찰을 받으려고 하는데 안에 좀 볼 수 있을까요?"라고 할 수는 없는 노릇입니다.

그래서 내부 컨디션은 보통이라고 생각하고 낙찰가를 결정합니다. 막상 내부를 확인해보니 안에 하자가 많거나, 인테리어가 엉망이라면 예기치 못한 추가 비용이 발생하기도 합니다. 이런 불확실성을 안고 사야 하기 때문에 경매는 시세보다 싸게 사야 합니다. 싸게 살 수 없다면 경매는 할 이유가 없는 것이죠. 경매의 또 다른 장점은 대출을 많이 받을 수 있다는 것입니다. 지금부터는 주택의 경락잔금대출 한도에 대해서 알아보도록 하겠습니다.

경락잔금대출한도는 앞에서 배웠던 일반 주택담보대출과 계산 방식이 다릅니다. 경락잔금대출에 대해 배우기 앞서 앞에서 배웠던 주택담보대출에 대해서 복습해보겠습니다. 주택담보대출은 채무자의 주택 수에 따라, 그 목적에 따라 대출규제가 다르게 적용된다고 말씀드렸는데요. 경락잔금대출한도를 결정할 때도 이 내용을 숙지하고 계셔야 합니다. 경락잔금대출의 한도를 결정할 때도 주택담보대출계산식이 이용되기 때문입니다.

그럼 본격적으로 주택의 경락잔금대출한도에 대해서 알아보도록 하겠습니다.

주택=min(경매 감정가×LTV-최우선변제금액, 낙찰가의 80%)

(＊금융회사마다 다를 수는 있습니다)

일반적으로 아파트 매매의 경우에는 분양가 또는 KB시세 같이 기준 가격이 있습니다. 반면에 경매는 경매 감정가라는 기준가격이 있습니다. 경매 대출한도는 '경매 감정가의 LTV'와 '낙찰가의 80%' 중 적은 금액입니다. '경매 감정가 LTV'의 계산에서 LTV는 일반 주택담보대출규제에서 LTV를 적용합니다. 예를 들어, 무주택자라면 LTV 70%, 1주택자 및 다주택자라면 60%(비규제지역 기준) 이렇게 주택 구입 목적의 LTV와 동일하게 적용됩니다. 경락자금 대출한도를 결정할 때도 주택담보대출계산식이 이용되는 것입니다.

다만 이게 끝이 아닙니다. 경락잔금대출이 일반 주택담보대출보다 대출한도가 더 많이 나온다고 말씀드린 이유는 '낙찰가의 80%' 때문인데요. '낙찰가의 80%'가 경매 감정가의 LTV보다 작다면 낙찰가의 80%만큼 대출이 가능하기 때문입니다. 앞의 주택담보대출규제에서 주택구입 시 80%만큼 대출이 가능한 상황은 생애최초주택구입자금대출뿐이었습니다. 경매로 주택을 구입하는 경우에는 다주택자도 80%까지 대출을 받을 수 있는 것이죠.

예를 들어보겠습니다. 여러분이 감정가 5억 원짜리 서울에 있는 아파트를 4억 원에 낙찰받았습니다. 대출이 얼마나 가능할까요? 먼저 '감정가 LTV'부터 계산해보겠습니다. 생애최초는 80%, 무주택자는 70%, 1주택자 및 다주택자(임대, 매매사업자 포함)는 60%입니다(비규제 지역 기준). 주택 보유 현황에 따라 LTV 수치가 달라집니다. 낙찰가의 80%는 3억 2,000만 원으로 동일하고요.

생애최초=min(5억 원×80%, 4억 원×80%)=3억 2,000만 원
무주택자=min(5억 원×70%, 4억 원×80%)=3억 2,000만 원
1주택자, 다주택자=min(5억 원×60%, 4억 원×80%)=3억 원

1주택자 및 다주택자의 경우에도 낙찰가의 75%만큼은 대출이 가능하네요. 임대·매매사업자도 60%지만, 위의 경우에는 75% 대출이 가능합니다. 어떤가요? 시세보다도 싸게 사고, 대출도 많이 나온다는 말이 정말이죠. 그러나 이게 끝이 아닙니다. 가계자금대출규제의 끝판왕인 DSR이 남아 있기 때문이죠. DSR 규제는 경락잔금대출에도 적용됩니다. 즉, DSR까지 만족해야만 최종적으로 대출을 받을 수 있죠.

DSR 만족이 안 된다면 포기해야 할까요? 앞에서 주택임대사업자 (매매사업자 포함)는 주택 구입 시 LTV 60%(비규제지역 기준)를 적용한다고 말씀드렸죠? 이 경우에는 가계자금대출로 분류하지 않고, 기업자금대출로 분류하기 때문에 DSR 규제를 적용하지 않습니다. 그래서 경매 투자를 할 때는 이렇게 사업자 혹은 법인으로 진행하는 경우가 많은 것이죠.

38
비주택의 경락잔금대출 한도가 궁금해요!

앞에서는 주택의 경락잔금대출에 대해 알아봤다면 지금부터는 비주택 경락잔금대출에 대해 알아보도록 하겠습니다. 쉽게 말해서 비주택은 주택을 제외한 부동산이라고 생각하면 됩니다. 지면상 모든 물건을 다룰 수는 없으니, 이번 장에서는 대표로 상가와 토지에 대해서 알아보도록 하겠습니다.

상가의 경락잔금 대출한도

상가는 전형적인 수익형 부동산입니다. 그래서 상가 경매는 실수요자보다 투자자가 많습니다. 상가가 경매에 나오는 이유는 대부분 '장사가 안되서'입니다. 장사가 잘되면 경매에 나올 일이 없죠. 앞에서 대항력 있는 임차인을 인수해야 하는 경우에는 주택의 경락잔금대출이 불가하다고 말씀드렸습니다. 상가는 꼭 그렇지만은 않은데요. 상가는 총 3가지로 분류할 수 있습니다. 소유자가 직접 운영하는 경우, 임차인이 운영하는 경우, 공실인 경우인데요. 분류에 따라 경락잔금대출의 취급 방법이 달라지니 자세히 알아보도록 하겠습니다.

먼저, 상가의 소유자와 운영자가 동일한 경우입니다. 상가를 분양받았을 수도 있고, 매매를 통해 상가를 구입했을 수도 있는데요. 어떤 경우라도 본인이 운영하다가 경매에 넘어갔다면 대항력이 없습니다. 즉, 낙찰자도 인수하는 권리가 없는 것이죠. 은행에서는 대항력 있는 권리가 없기 때문에 경락잔금대출한도 계산이 깔끔합니다.

비주택=min(경매 감정가×LTV-상가 최우선변제금액, 낙찰가의 90%)

(＊금융회사마다 다를 수는 있습니다)

비주택의 경우에는 최대 낙찰가의 90%까지 대출이 가능합니다. 주택이 최대 80%까지 대출이 되는 것과 비교해서 10%만큼이나 더 가능합니다. 예를 들어, 경기도 수원시 상가의 감정가가 5억 원이고, 낙찰금액이 4억 원이라고 해보겠습니다. 'min(5억 원×70%, 4억 원×90%)=3억 5,000만 원'이 나오네요.

'경매 감정가×LTV' 중 LTV 수치는 어떻게 구할까요? 이것은 지역별, 물건별 낙찰가율로 결정합니다. 위의 물건은 수원시 상가의 최근 낙찰가율을 계산합니다. 그게 LTV가 되는 것이죠. 이 수치 계산은 금융회사마다 조금씩 다를 수 있습니다. 여러분은 대략 70% 정도라고 생각하셔도 크게 다르지 않을 것 같습니다. 대부분 70% 전후에서 결정되니까요.

두 번째, 임차인이 운영하는 경우입니다. 이 경우에는 상가임대차보호법상 임차인이 적용되는지 살펴봐야 합니다. 상가의 임차인이 대항력이 없다면 앞의 사례처럼 소유자가 운영하는 것과 동일하게 계산할 수 있습니다. 주택과는 다르게 상가는 임차인이 대항력이 있더라도 대출이 불가능한 것은 아닙니다. 상가는 수익형 부동산이기 때문인데요. 상가는 보통 보증금이 적고, 월세 비중이 큽니다. 그래서 '경매 감정가×LTV'에서 보증금만큼 차감하면 됩니다.

임차인이 운영을 잘한다면 낙찰자도 좋고, 은행에서 대출을 받기도 유리합니다. 어차피 낙찰자는 본인이 상가를 운영할 것이 아니라면 임차인을 구해야 합니다. 임차인이 장사가 잘되어서 계속 상가를 운영한다면 임차인을 구해야 하는 수고를 덜 수 있습니다. 요즈음 임차인 구하기도 어려운데 말이죠.

또한, 은행은 수익형 부동산에 대한 대출을 심사할 때 임대수익이 잘 나오는지를 평가합니다. 최소한 임대료를 받아서 이자를 납부할 수 있는 정도는 되어야 대출이 가능합니다. 장사가 잘된다면 임대료도 꼬박꼬박 납부할 것이고, 대출심사를 통과하기에 유리한 것이죠.

마지막 세 번째, 상가가 미분양 공실일 때입니다. 아파트뿐만 아니라 상가도 분양하는데요. 현재는 아파트보다 상가의 분양이 더 어려운 상황입니다. 코로나를 겪으면서 오프라인에서 온라인으로 상권이 이동했기 때문인데요. 세계적인 전염병인 코로나19 때문에 재택근무, 회식 자제, 사적 모임 인원 제한 등이 시행되었고, 많은 소상공인들이 매출에 타격을 입고 폐업했습니다. 상권이 활성화되어야 새로 짓는 상가도 인기가 있을 텐데, 이렇게 주변에 장사가 안되니, 새로 지은 상가도 인기가 없었습니다. 결국 새로 지은 상가들은 모두 미분양 재고가 되어 골칫덩이가 되었습니다.

미분양 상가는 경매에 넘어가더라도 낙찰이 잘 안됩니다. 일반 상가는 여러 호수 중에 한 호수가 경매에 나오는 것이지만, 이런 미분양 상가는 상가 전체가 경매로 나오다 보니 살 사람이 없습니다. 미분양 상가도 최대 90%까지 대출이 가능하긴 하지만, 실제로 이만큼 대출을 다 해주지는 않습니다. 은행에서도 미분양 상가의 리스크가 높다는 것을 알고 있기 때문이죠. 미분양 상가를 낙찰받는다고 해도 뚜렷한 사업계획이 없다면, 결국 또다시 부실이 생길 수도 있습니다. 금융회사에서는 미분양상가를 보수적으로 판단할 수밖에 없는 것이죠.

토지의 경락잔금 대출한도

토지는 앞의 상가와는 다르게 임차인이 없기 때문에 대출한도 계산이 단순합니다. 앞에서 배운 것처럼 비주택대출한도 계산식 '비주택=min(경매 감정가×LTV, 낙찰가의 90%)'을 따르는 것이죠(이 역시 금융회사마다 다를 수는 있습니다).

경매 사례 : 서울 토지 경매

소재지	서울 강동구 성내동 131-▓▓				
경매구분	임의경매	경매신청자	냉동냉장▓▓	경매개시일	2023.05.26
청구액	1,255,680,443원	채무자	에이▓▓	현재상태	대기
용도	대지	소유자	에이▓▓	배당종기일	2023.08.21

지도 [숨기기]

출처 : 지지옥션

예를 들어 이 사례는 서울의 나대지가 경매에 넘어간 것인데요. 단순하게 경매 감정가의 LTV, 낙찰가의 90% 중에 적은 금액을 계산하면 대출한도가 나오는데요. 토지 중에 가장 간단한 경우입니다.

토지를 낙찰받았을 때 대출이 어려운 경우를 설명해드리겠습니다.

첫째, 토지 위에 건물이 있을 때입니다.

가끔 보면 토지만 경매에 넘어가고, 건물은 경매에 넘어가지 않는 경우를 볼 수 있습니다. 이런 경우에는 경락잔금대출이 불가한데요. 은행에서는 규정상 '담보로 제공되지 않는 지상 물건이 있는 토지'는 대출이 불가하게 정해놨기 때문입니다.

경매 사례 : 건물이 있는데 토지만 경매에 넘어간 경우

출처 : 지지옥션

　다음의 사례를 보면 토지 위의 건물이 있는데, 토지만 경매에 넘어갔습니다. 이런 경우에는 경매에 낙찰되더라도 토지의 소유권만 변경되지, 건물의 소유권은 그대로이니 주의해야겠습니다.

　둘째, 토지가 맹지일 때입니다. 맹지란, 도로가 접하지 않은 토지를 말하는데요.

　다음의 자료를 보면 옆에 나란히 있는 땅이더라도 어떤 땅은 도로에 접해 있고, 어떤 땅은 도로에 접해 있지 않은데요. 왼쪽 땅은 도로에 접해 있기 때문에 대출 취급이 가능하고, 오른쪽 땅은 도로에

맹지 : 사유지는 도로 인접, 본인 대지는 도로에 인접하지 않아서 맹지가 됨

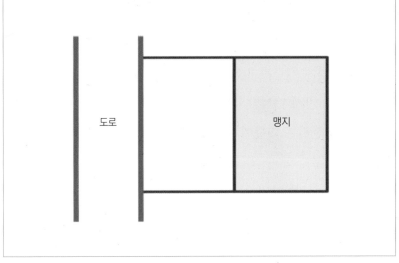

출처 : 저자 편집

접해 있지 않기 때문에 대출이 불가합니다. 그 이유는 맹지가 효용성이 부족하기 때문인데요. 건물을 짓기 위해서는 땅이 도로에 접해 있어야만 합니다. 경락잔금대출 취급 시에도 예외 없이 적용되죠.

마지막으로 임야를 대출받고자 할 때입니다. 임야는 산림 및 들판을 이루고 있는 숲입니다. 우리나라는 전체 토지면적에서 임야의 비율이 굉장히 높은데요. 그만큼 산과 나무가 울창하기 때문에 쾌적함을 제공합니다. 그런데 이런 임야를 담보로도 대출을 받을 수 있을까요?

임야는 산지관리법에 의거해 보전산지와 준보전산지로 나뉩니다. 자연생태계 보전, 자연경관 보전 등 산지의 공익 기능을 수행하기 위해 개발이 가능한 임야와 개발이 가능하지 않은 임야를 나눈 것이죠. 만약 이렇게 제한하지 않는다면 무차별적으로 개발이 이루어질 것이고, 여러 가지 폐해가 나타날 것입니다. 즉, 임야의 경우 개발이 어려운 보전산지는 대출이 어려운데요. 그럼 준보전산지인지, 보전산지인지 어떻게 알 수 있을까요?

이것은 지적도를 보면 알 수 있습니다.

보전산지, 준보전산지로 나뉘어져 있는 것 보이시죠? 준보전산지라 할지라도 현황상 경사가 높거나, 수목이 많아서 개발이 어려운 경우

보전산지, 준보전산지

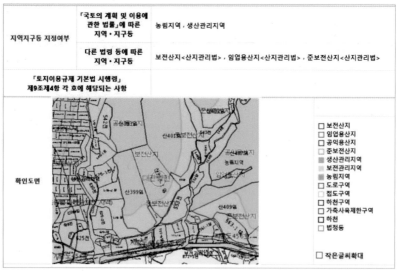

출처 : 토지e음

에는 대출이 어려울 수도 있습니다. 이처럼 임야는 제한사항이 많아서 대출을 받기가 받기가 쉽지 않습니다.

그래서 경매에 나오더라도 낙찰율이 많이 떨어지는 것이 임야입니다. 경락대출도 임야에 대해서는 보수적으로 접근하는 편이죠.

39

잘 알려져 있지 않은
신탁 공매, 수의계약이 무엇인가요?

경매는 많이 들어보셨지만, 공매는 좀 생소하실 텐데요. 공매는 2 가지 종류가 있습니다. 국세징수법을 근거로 하는 세금 등의 미납 때문에 압류재산을 환가하는 것과 신탁되어 있는 물건을 환가하는 것입니다. 그중에서도 이번 장에는 신탁 물건을 환가하는 공매에 대해서 자세히 알아보도록 하겠습니다.

앞에서 담보신탁에 대해 설명해드리면서 채무자가 신탁으로 대출을 받은 후에 대출금을 상환하지 못하면 공매로 넘어간다고 말씀드렸습니다. 경매와 공매는 회차별로 진행된다는 공통점이 있는데요. 1회차에 유찰되면 낮춰진 금액으로 2회차 진행, 2회차에 또다시 유찰되면 3회차 진행, 이렇게 가는 것이죠. 하지만 공매는 경매와 달리 최종 유찰가를 정할 수 있는데요. 신탁회사와 우선수익자인 은행이 협의해서 최종 유찰가를 정합니다.

공매 공고 사례

1. 공매대상 부동산의 표시

입찰번호	물건번호	소재지/지번/건물번호	구분/용도	면적(㎡)	비고(전입세대·등록사항 열람내역 등)
1	(1)	경기도 광주시 신현동 ▓▓▓▓ ▓▓▓빌리지 301동 402호	다세대주택	70.64	- 전입세대(2019-01-28 나**) - 압류(2020.02.21. 권리자: 광주시)

2. 입찰차수별 최저입찰금액

단위: 원, 부가가치세 없음

입찰번호	최저입찰금액(1~6차)					
	1차	2차	3차	4차	5차	6차
1	498,000,000	448,200,000	403,400,000	363,100,000	326,800,000	294,200,000

입찰번호	최저입찰금액(7~8차)					
	7차	8차	(없음)	(없음)	(없음)	(없음)
1	264,800,000	249,000,000	-	-	-	-

출처 : 온비드 공매 공고

예를 들어, 위의 경우에 최초입찰금액 4억 9,800만 원으로 시작해서 최종입찰금액은 2억 4,900만 원까지 진행됩니다. 마지막 회차까지 낙찰자가 없으면 공매 절차는 중지됩니다. 그럼 그다음에는 어떻게 진행될까요? 이 건 공매 신청자인 은행에서 결정하는데요. 최종 유찰가 이하로 재공매를 신청할 수도 있고요. 더 이상 금액을 내리는 것이 부담스러운 경우에는 최종 유찰가 기준으로 수의계약을 진행할 수도 있습니다.

수의계약이란 말이 어려우시다고요? 수의계약이란 사전적인 의미로 '임의로 상대방을 선택해 맺는 계약'입니다. 보통 관공서에서 입찰 공고를 낸 후에 아무도 지원자가 없을 때, 수의계약을 통해 계약자를 정합니다.

신탁 공매도 마찬가지입니다. 최종 유찰된 물건은 최종 유찰된 금액 이상으로 수의계약이 가능합니다. 저는 이 수의계약이 경매와 공매의 가장 큰 차이점이자, 공매만의 장점이라고 생각하는데요. 일반 경매는 낙찰이 안 되면 무기한 금액을 내려야 하지만, 공매는 낙찰이 안 되어도 수의계약을 통해 낙찰자를 찾을 수 있기 때문입니다.

제가 채권관리팀에 있을 때 공매 유찰 후에 오랫동안 해결이 안 되는 부실대출이 있었습니다. 저는 수의계약을 통해 부실대출을 회수할 수 있었는데요. 빌라 물건이었는데, 시세보다 최종 유찰 금액이 저렴했습니다. 실수요자분께서 저렴한 가격에 수의계약을 하셔서 매수하셨는데요. 수의계약은 경·공매에 비해 불확실성이 적다는 장점이 있습니다. 경·공매는 내가 낙찰을 받고 싶어도 다른 사람이 더 높은 금액을 써내면 낙찰받을 수 없습니다. 다른 사람과 경쟁해야 하는 것이죠. 반면에 수의계약은 경쟁이 적습니다. 내가 사고 싶으면 살 수 있기 때문이죠. 또한, 굳이 비싼 금액으로 계약을 체결하지 않아도 됩니다. 최종 유찰가 이상이면 수의계약이 가능하기 때문입니다.

그럼 이런 수의계약 물건을 어떻게 찾을 수 있을까요? 공매 물건은 온비드 사이트에서 찾을 수 있습니다. 온비드에 접속해서 수의계약 가능 물건을 검색하면 되는데요. 수의계약 가능 물건만 따로 검색이 가능하기 때문에 편리하게 찾을 수 있습니다.

수의계약 물건

출처 : 온비드

　공매 및 수의계약도 단점이 있습니다. 바로 경매와는 다르게 인도명령제도가 없다는 것입니다. 인도명령제도란, 낙찰자가 대항력이 없는 점유자를 내보낼 수 있는 권리입니다. 공매는 점유자를 내보낼 권한이 없는 것이죠. 점유자를 내보내려면 명도소송을 해야 합니다. 소송은 시작일 뿐, 실제 집행까지 1년은 족히 걸립니다. 소송비용도 상당하죠. 이런 단점 때문에 공매가 경매처럼 활성화되지 못하는 것 같습니다.

　'소문난 잔치에 먹을 것 없다'라는 옛 속담 아시죠? 이제 경매는 너무 보편화되어서 아파트같이 정형화되어 있는 것은 기회가 많이 없습니다. 시간과 노력을 들인 것에 비해서 얻을 수 있는 것이 없죠. 저는 도리어 인도명령제도가 없다는 것을 이용해서 공매에 도전해보는 것도 좋다고 생각합니다. 명도가 문제라면 아무도 거주하지 않는 물건을 공략하는 것도 한 가지 방법입니다. 공실 물건은 명도소송을 따로 진행하지 않아도 되기 때문입니다.

그럼 실제로 사람이 살고 있는지, 공실인지 어떻게 알 수 있을까요? 이것은 현장에 직접 가보면 대략 파악이 가능합니다. 사람이 살지 않는 집은 우편물이 가득 쌓여 있거나, 오래도록 공과금을 미납했을 확률이 높습니다. 사람이 살고 있지 않더라도 리스크가 없는 것은 아닙니다. 사람이 살지 않더라도 집 안에 가재도구나 짐들이 있다면 처치 곤란입니다. 다른 사람의 물건이기 때문에 무단으로 처분할 수는 없기 때문입니다. 이 경우에 사람이 살고 있는 것과 마찬가지로 소송을 해야 할 수도 있습니다. 짐만 있는 경우, 기존에 살았던 사람에게 연락을 해서 짐을 치울 수 있다면 처리가 한결 수월할 것입니다.

여러분은 신탁회사에 기존 소유자의 연락처를 물어볼 수 있습니다. 하지만 신탁회사도 연락처를 모를 수 있습니다. 그럴 때는 우선 수익자인 은행에 물어볼 수도 있습니다. 하지만 은행에서도 개인정보라고 안 된다고 할 수 있습니다. 그럴 때는 연락처를 알려달라고 하지 말고, 여러분의 연락처를 남기세요. 그러면 여러분께 연락이 올 수도 있습니다. 이 방법 말고도 명도는 여러 가지 방법이 있고, 상황에 맞는 방법을 쓸 수 있습니다.

비주택 담보대출

40
생활형 숙박시설도
대출이 되나요?

'임대수익 기대했다가 날벼락', '이행강제금만 매년 1억? 생숙 소
유자들 울상'

위의 기사 타이틀은 218페이지 자료의 일부입니다. 생활형 숙박
시설에 관한 내용입니다. 생활형 숙박시설(이하 생숙)에 도대체 어떤
일이 있었기에 이런 기사가 나오는 것일까요? 이번 장에서는 생활
형 숙박시설 대출에 대해서 알아보도록 하겠습니다.

먼저 생활형 숙박시설이란 단어는 많이 들어 보셨겠지만, 생활형
숙박시설이 정확히 무슨 뜻인지 모르실 것 같아서 의미부터 알아보
겠습니다.

생활형 숙박시설이란 숙박용 호텔과 주거용 오피스텔이 합쳐진
개념입니다. 호텔과 오피스텔이 합쳐졌다? 아직도 직관적으로 이해
가 되지 않으실 텐데요. 제가 쉽게 풀어서 말씀드리겠습니다. 우리
가 묶는 호텔은 집합 건물이 아니라 일반 건물입니다. 즉, 방마다 등

생활형 숙박시설에 관한 기사

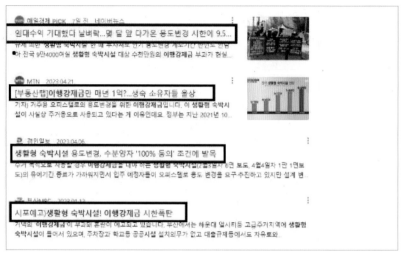

출처 : 네이버

기가 따로 되어 있는 것이 아니라, 주인이 한 명인 것입니다. 하지만 아파트나 오피스텔은 집합건물입니다. 즉, 호수마다 소유자가 각각 다른 것이죠.

생활형 숙박시설은 외관은 호텔이지만, 오피스텔처럼 각 방 호수의 소유자가 다릅니다. 또한, 일반적으로 호텔은 내부에서 취사가 불가하지만 생숙은 가능합니다. 단기간 머물 때는 상관없겠지만, 장기 투숙객에게 취사가 안 된다는 것은 불편합니다. 매번 밖에서 사먹을 수는 없으니까요. 이런 점을 보완해서 생활형 숙박시설은 취사가 가능한 것이죠. 어떠신가요? 호텔의 장점과 오피스텔의 장점을 합쳐놨다고 말씀드린 것이 이제 이해가 가시나요?

그런데 생활형 숙박시설이 왜 문제가 되는 것일까요? 바로 생활형 숙박시설을 숙박시설 용도가 아닌, 주택으로 사용하려고 했기 때문입니다. 건설사에서는 생활형 숙박시설을 마치 오피스텔처럼 상시 거주가 가능하다고 홍보했습니다. 정부에서도 딱히 제재를 가하지 않았죠. 그래서 일반인들 또한 '그냥 오피스텔 같은 거구나'라고 생각하고 분양을 받았습니다. 안 그래도 부동산 시세가 급등하면서 부동산 공급이 부족했는데, 생활형 숙박시설은 오피스텔과 함께 공급 부족을 일시적으로 해결해주었습니다. 그런데 정부에서 생활형 숙박시설에 대한 규제를 강화하기로 발표했습니다.

얼마 전 다음과 같이 발표가 났습니다. 생활형 숙박시설을 주택으로 사용하는 사례가 적발되면 이행강제금을 부과하겠다고 했습니다.

이행강제금 공문

○ 아울러 **건축물 용도 상 숙박시설임**에도 불법으로 용도를 변경하여 주택으로 사용이 증가하고 있는 **생활형숙박시설**은 **숙박업 신고가 필요한 시설**임을 명시하여 주택 용도로 사용할 수 없도록 한다.

< 생활형숙박시설의 불법 주택 사용에 대한 조치 계획 >

< 신규 생활형숙박시설 >

○ **(용도 명확화)** 건축법령 용도 정의에 생활형숙박시설은 「공중위생관리법」의 숙박업 신고 필요 시설임을 명확화하고, 생활형숙박시설 분양공고시 '주택 사용 불가·숙박업 신고 필요' 문구를 명시토록 건축물분양법령 개정 추진

○ **(허위·과장 광고)** 생활형숙박시설의 주택사용이 가능한 것처럼 광고하는 경우 허위·과장 광고로 사업자를 고발 조치토록 지자체에 공문 시달

< 기 분양 생활형숙박시설 >

○ **(지도강화)** 생활형숙박시설의 주택 용도 사용은 건축법 상 이행강제금 부과 대상이라는 안내문 제작 후 주민센터 배포 등 행정지도 강화

○ **(용도변경)** 오피스텔(주거용)이나 주택으로 용도변경토록 유도

출처 : 국토교통부

219

주택으로 사용할 수 있는 줄 알고 분양받은 사람들한테는 '마른하늘에 날벼락' 같은 이야기였죠. 정부는 생활형 숙박시설을 오피스텔로 변경할 수 있는 기회를 주었지만, 건축법상 오피스텔이 주차대수를 더 많이 확보해야 하기 때문에 실효성이 적습니다. 이미 지어진 건물은 아예 해당조차 안 될 것이고요. 최근에 정부는 이행강제금 부과를 2024년까지 유예한다고 발표했습니다. 하지만 주택으로 사용할 수 없다는 원칙은 확고해 보입니다. 상황이 이렇다 보니 은행은 생활형 숙박시설을 담보로 대출해주는 것이 조심스럽습니다. 대출을 취급했다가 부실이 나면 안 되니까요. 은행은 대출취급을 검토할 때 경매 낙찰가율을 참고하는데요. 낙찰가율이 낮다면 보수적으로 대출을 검토합니다.

다음은 지방의 생활형 숙박시설의 경매 낙찰 사례입니다. 낙찰가가

경매 저가 낙찰 사례

전주6계 2022 타경 37019 숙박

사건내용

소 재 지	전북 전주시 완산구 서노송동 ■■■, ■ 주건축물 1동 5층 A동514호 (55000)전북 전주시 완산구 현무1길 ■				
경매구분	임의경매	채 권 자	가○○○○○		
용 도	숙박	채무/소유자	두○○	매 각 기 일	23.07.10 (48,675,000원)
감 정 가	198,000,000 (22.09.14)	청 구 액	105,834,800	종 국 결 과	23.09.13 배당종결
최 저 가	47,540,000 (24%)	토 지 면 적	7.5㎡ (2.3평)	경매개시일	22.08.29
입찰보증금	4,754,000 (10%)	건 물 면 적	20㎡ (6.2평)	배당종기일	22.11.29
조 회 수	·금일조회 1 (0) ·금회차공고후조회 27 (10) ·누적조회 238 (19) ·7일내 3일이상 열람자 2 ·14일내 6일이상 열람자 2			0는 5분이상 열람 **조회통계** (기준일·2023-07-10/전국연회원전용)	

《거짓고 계신 물건사진을 등록하면 사이버머니 지급 또는 광고를 게재해 드립니다.》

출처 : 지지옥션

60%가 채 되지 않습니다. 은행에서는 비주택 물건의 LTV를 결정할 때 경매 낙찰가율에 연동시키는 경우가 많습니다. 지역별·물건별 낙찰가율은 모두 다른데요. 이 물건처럼 낙찰가율이 낮으면 대출을 취급할 수 있는 LTV비율도 낮아지는 것입니다.

  하지만 다음의 사례처럼 경매 낙찰가율이 높은 경우도 있습니다. 앞에서 말씀드린 것처럼 숙박수요가 있는 곳은 비교적 괜찮은 것이죠. 여러분께서 만약에 생활형 숙박시설에 관심이 있으시다면, 이런 숙박수요가 있는 지역인지 철저하게 분석해야겠습니다.

경매 고가 낙찰 사례

제주1계 2022 타경 7862 숙박

사건내용

소 재 지	제주 제주시 이도일동 ▨▨▨▨▨ 레라스 9층 1011호 (63198)제주 제주시 광양6길 2				
경 매 구 분	임의경매	채 권 자	이주▨		
용 도	숙박	채무/소유자	김리▨▨	매 각 기 일	23.09.12 (68,510,000원)
감 정 가	94,000,000 (23.01.25)	청 구 액	34,557,808	다 음 예 정	
최 저 가	65,800,000 (70%)	토 지 면 적	5.4㎡ (1.6평)	경매개시일	22.12.30
입찰보증금	6,580,000 (10%)	건 물 면 적	23㎡ (6.9평)	배당종기일	23.04.03
조 회 수	· 금일조회 1 (0) · 금회차공고후조회 31 (8) · 누적조회 126 (12) · 7일내 3일이상 열람자 3 · 14일내 6일이상 열람자 1			0는 5분이상 열람 조회동계 (기준일-2023-09-12/전국연회원전용)	

《가지고 계신 물건사진을 등록하면 사이버머니 지급 또는 광고를 게재해 드립니다.》 | 회원담사사진등록

출처 : 지지옥션

41

현황은 주택, 공부상에는 근린생활시설, 이런 경우도 대출이 되나요?

사회초년생이나 신혼부부들은 자금이 부족하기 때문에 저렴한 전세를 선호합니다. 가끔 시세보다 저렴한 전셋집이 있는데요. 한번은 손님께서 전세자금대출이 가능한지 물어보셨습니다. 시세보다 3,000만 원가량이 저렴하다고 하셨죠. 전세자금대출이 가능하려면 물건에 하자가 없어야 합니다. 우선 전세물건의 건축물대장부터 떼어봤는데요.

건축물대장 사진

	412 m²	연면적	822.01 m²	※지역	제2종일반주거지역	※지구		※구역	
	225.3 m²	용적률 산정용 연면적	822.01 m²	주구조	철근콘크리트구조	주용도	제1종근린생활시설외 다세대주택	층수	지하 층, 지상 6층
	54.68 %	용적률	199.52 %	높이	17.2 m	지붕	철근콘크리트	부속건축물	m²
	m²	공개 공지/공간 면적		※건축선 후퇴면적	m²	※건축선 후퇴거리			m

	건축물 현황				건축물 현황			
층별	구조	용도	면적(m²)	구분	층별	구조	용도	면적(m²)
1층	철근콘크리트구조	계단실	9.36	주	5층	철근콘크리트구조	다세대주택(3세대)	167.84
2층	철근콘크리트구조	사무소(6층)	177.48	주	6층	철근콘크리트구조	다세대주택(2세대)	131.65
3층	철근콘크리트구조	다세대주택(2세대)	167.84	주	옥탑1층	철근콘크리트구조	계단실/엘리베이터기계실	9.6
4층	철근콘크리트구조	다세대주택(3세대)	167.84				- 이하여백 -	

대장을 떼어보니 주택이 아니라 사무소로 되어 있습니다. 이것을 보니 왜 가격이 저렴한지 알 수 있었죠. 건축물의 용도가 주택이 아니라 다른 용도(근생, 사무소 등)로 되어 있으면 전세자금대출이 안 됩니다. 그래서 시세보다 저렴한 것이죠. 손님께서는 집 안에도 가봤는데 일반 가정집이라고 했습니다. 사람들은 현황(주택)과 공부(사무소)가 다른 것을 이해하기 어려워하시는데요.

가끔 이렇게 현황은 주택인데, 용도는 주택이 아닌 것들이 있습니다. 왜 다른 것일까요? 대부분 규제를 회피하기 위한 목적 때문입니다. 주택은 근린생활시설에 비해서 주차대수 기준이 엄격합니다. 주택으로 허가를 받으려면 주차장 면적을 많이 확보해야 합니다. 특히, 서울지역은 땅값이 비싸다 보니까 주차장을 확보하는 데 비용이 많이 들어갑니다. 제가 아는 분은 주차대수를 맞추기 위해 지하주차장을 만들고, 늘어난 공사비 때문에 역마진이 발생했습니다. 이런 이유로 근린생활시설로 허가를 받아서 주차대수를 완화하고, 주택으로 인테리어를 해서 주택으로 사용하는 형태가 나타나는 것입니다.

간혹, 2금융권에서 근린생활시설도 전세자금대출이 가능하다고 합니다. 이것은 주택임대차보호법 적용과 관련이 있습니다. 현행 주택임대차보호법은 공부상의 용도가 주택이 아니더라도 '전입 신고+점유'의 2가지 조건을 갖추면 대항력이 있고, 확정일자까지 받으면 우선변제권이 생깁니다. 그렇기 때문에 간혹 2금융권 지점에서 '주택임대차보호법이 적용되기 때문에 문제없어'라며 대출을 취급하기도 하는 것이죠. 하지만 여러분들은 그냥 안 된다고 생각하시는 게 좋겠습니다. 많은 매물 중에 군이 리스크가 큰 매물을 고집할 필요는 없으니까요.

현황은 고시원, 용도는 근린생활시설

노량진이나 신림 지역은 옛날부터 고시생들이 많았습니다. 재수생, 사법고시, 최근에는 공무원 시험까지 학원이 이쪽에 많이 몰려 있기 때문인데요. 그러다 보니 고시생이 묵을 수 있는 고시원도 많죠. 저도 노량진에서 재수학원을 다녔는데요. 그때 재수생 친구가 묵고 있는 고시원에 가본 적이 있습니다. 정말 침대 하나에 책상 하나가 끝이더라고요. 그만큼 좁고 열악했습니다. 집에서 통학했던 저에게는 이런 열악한 곳에서 산다는 것이 정말 힘들어 보였죠.

그런데 요즈음 고시원이 수익형 부동산 투자처로 인기입니다. 저는 은행에서 고시원대출을 취급하면서 고시원을 운영하는 것이 수익률이 높고, 안정적이라는 것을 알게 되었습니다. 지금은 고시 열풍이 예전같지 않지만, 그래도 임장을 가보면 고시원이 대부분 만실이더라고요. 노후되면 노후된 대로 저렴하게, 새로 인테리어된 곳은 좀 더 비싸게 해서 그 나름의 수요가 있었습니다.

고시원은 보통 근린생활시설에서 운영합니다. 본격적으로 고시원에 대한 허가기준이 생긴 것이 2009년이기 때문에 그 이전에 지어진 고시원은 건축물 용도가 다를 수도 있습니다. 이런 경우에는 고시원으로 용도가 되어 있지 않더라도 대출을 받을 수 있습니다. 다만, 위반건축물로 명시가 되어 있다면 대출이 불가합니다.

위반건축물은 대출도 안 되지만, 이행강제금도 부과될 수 있다는 리스크가 있습니다. 그래서 여러분이 고시원을 매입하신다면 위반건축물 등재 사항을 잘 확인하셔야 합니다.

앞에서도 설명드렸지만 고시원대출을 많이 받기 위해서는 신탁대출을 받아야 합니다. 일반 저당권대출은 방 개수마다 소액임차 보증금을 차감해야 하기때문에, 대출금액이 많이 안 나옵니다.

42

공장, 지식산업센터도
대출이 되나요?

'공장' 하면 어떤 모습이 먼저 떠오르시나요? 굴뚝에서 연기가 나고, 컨베이어벨트가 돌아가는 그런 전통적인 공장의 모습이 생각나시죠? 하지만 요즈음 새로 생기는 공장은 예전과 많이 달라졌습니다. 굴뚝에서 연기가 나지도 않고, 공장에서 기계가 돌아가지도 않습니다. 3차 산업사회에서 4차 지식정보화사회로 이동하면서 생산품의 종류 또한 바뀌었기 때문이죠. 이런 변화에 발맞춰서 아파트형 공장이라고 부르는 지식산업센터가 새로 등장했습니다.

지식산업센터라는 말은 들어보셨지만, 정확히 지식산업센터가 무엇인지 모르시는 분들을 위해 그 정의부터 살펴보도록 하겠습니다. 지식산업센터란, '제조업 외에 지식사업 및 정보통신산업 등을 영위하는 자와 기업지원시설이 복합적으로 입주하는 건축물'을 뜻하는데요. 전통적인 제조업은 기계를 수용할 수 있는 공장이 있어야 했고, 많은 노동자가 필요했습니다. 하지만 지식사업 및 정보통신산업은 기계 대신 컴퓨터만 있어도, 많은 노동자 대신에 소수의 경영자로도 사업을 영위할 수 있습니다. 이게 바로 지금의 지식산업센터가 탄생하게 된 배경이죠.

우리가 거주하는 주택과 비교하자면, 예전에는 단독주택이 대표적인 주거형태였다면 지금은 아파트가 그 자리를 차지한 것과 마찬가지입니다. 지식산업센터는 관리가 편하고, 쾌적하며, 비슷한 업종이 모여 있어서 사업의 시너지 효과가 발생한다는 장점이 있습니다.

주택담보대출규제가 강화되면서 지식산업센터까지 투자 수요가 옮겨갔습니다. 서울에서는 송파구 문정동, 성동구 성수동, 금천구 가산동 등이 지식산업센터가 많이 몰려 있는 곳인데요. 이 지역들은 모두 예전에 공장들이 많이 있던 동네입니다. 예전의 공장들을 부수고, 새롭게 현대의 공장인 지식산업센터가 탄생한 것이죠. 서울의 노후화된 주택들이 아파트로 재개발되듯이, 서울의 공장들도 지식산업센터로 재탄생한 것인데요. 아파트가격이 서울 중심부부터 올라서 외곽으로 번지듯이, 지식산업센터도 마찬가지입니다. 앞에 말씀드렸던 서울 주요지역부터 시작해서 경기도, 지방까지 지식산업센터의 가격이 많이 올랐죠.

이제부터 본격적으로 지식산업센터대출에 대해 알아보려고 하는데요. 지식산업센터라고 특별한 것은 없습니다. 아파트처럼 지식산업센터도 정형화되어 있기 때문에, 많은 부분에서 아파트와 비슷합니다.

먼저, 지식산업센터를 분양받게 되면 아파트와 비슷하게 계약금 10%, 중도금 60%, 잔금 30%의 순서로 분양대금을 납부합니다. 계약금 10%만 납부하면 중도금 납부는 중도금대출을 통해 납부가 가능합니다. 등기를 치기 전에 전매도 가능합니다. 아파트처럼 전매 제한이 없기 때문에 등기 전에 전매가 많이 발생합니다. 물론, 중도금 대출은 승계가 가능합니다.

지식산업센터가 다 지어지면 은행에서 잔금대출을 받을 수 있습니다. 아파트와 마찬가지입니다. 아파트의 경우 시세가 오르면 시세를 기준으로 대출금액을 정합니다. 시세가 많이 오르는 경우 분양가만큼 대출이 나오기도 하는데요. 지식산업센터도 분양가 기준이 아닌 시세 기준으로 대출금액을 산정하기 때문에 가격이 오른 곳은 대출을 많이 받을 수 있습니다.

아파트는 생애최초를 제외하고는 대부분 시세의 70%만큼 대출이 가능합니다. 지식산업센터는 실수요자라면 80%, 많게는 90%까지 대출이 가능합니다. 임대사업자도 최대 80%까지 가능하니 아파트보다도 대출이 많이 나옵니다. 지식산업센터는 전매가 쉽고, 대출도 많이 나오니 투자자들에게 인기가 많았습니다.

그런데 지금은 상황이 많이 달라졌습니다. 금리가 너무 올라가서인데요. 대출이자율이 너무 많이 올라가다 보니, 임대료를 받아서 대출이자조차 내지 못하는 경우가 부지기수입니다. 임대료는 도리어 떨어졌습니다. 지식산업센터가 돈이 된다는 것을 알게 된 건축업자들이 너도나도 지식산업센터 시행에 뛰어들었기 때문이죠. 수요보다 공급이 많아지니 가격이 오르지 못하고 떨어지는 전형적인 현상입니다.

하지만 지식산업센터 실제 사업자라면 지금이 기회일 수도 있습니다. 실사업자는 지금도 시세의 80~90%까지 대출이 가능하며, 정부 정책자금대출을 받는다면 2~3%대 저금리로 대출을 받을 수 있기 때문입니다. 지금까지 임차로 사업을 하셨던 분이라면, 이번 기회에 지식산업센터를 구입하시는 것도 좋은 방법이 아닐까 생각합니다.

43
꼬마빌딩도
대출이 되나요?

'투자의 시작은 제각각 다르지만, 결국 꼬마빌딩에서 만난다'라는 말이 있습니다. 부동산 투자는 분양권, 재개발, 갭 투자 등 그 종류가 굉장히 다양합니다. 제각각 부동산 투자로 돈을 벌어도, 결국 투자 포트폴리오의 정점에는 꼬마빌딩이 있습니다. 연예인들도 돈을 많이 벌면 꼬마빌딩을 구입합니다. 이제는 연예인들이 꼬마빌딩을 샀다는 기사가 그리 놀랍지도 않습니다. 어제오늘 일이 아니니까요. 다들 왜 이렇게 꼬마빌딩을 가지려고 하는 것일까요? 꼬마빌딩이 어떤 장점을 가지고 있길래 그런 것일까요?

사실 과거부터 토지를 소유하고 있는 사람이 가장 많은 돈을 벌었습니다. 농경시대 때는 농장을 소유하고 있는 지주가, 현대사회에서는 건물을 소유하고 있는 건물주로 바뀐 것뿐이죠. 과거에 소작농들은 지주에게 토지를 빌려서 경작을 하고, 대부분의 농작물은 지주에게 반납해야 했습니다. 현대사회에서는 소호 자영업자들이 건물을 빌려서 장사를 하고, 그 대가인 임대료를 건물주에게 바칩니다.

결국, 건물주는 건물을 소유하고 있는 것만으로 평생의 노동에서 해방되는 면제부가 주어지니 모두 최종목표는 건물주가 되는 것입니다. 하지만 건물주가 되는 길은 절대 녹록하지 않습니다. 건물의 가격이 보통 수억 원에서 수십억 원 정도 하는 만큼 일확천금이 생기지 않는 이상 단번에 건물을 사기는 어렵습니다. 하지만 대출을 이용한다면 꼬마빌딩을 살 수 있는 길이 조금 쉬워질 수 있습니다.

특히 연예인들이 꼬마빌딩을 구입할 때 대출을 잘 활용합니다. 연예인들이 벌어들이는 소득이 엄청나기 때문에 은행에서도 대출을 많이 해줍니다. 가끔 연예인들이 전액 현금으로 빌딩을 샀다는 기사도 있지만, 전액 현금으로 샀다는 기사는 잘 살펴보면 기존에 가지고 있는 꼬마빌딩을 매각하면서 생긴 현금으로 구입한 경우가 대부분입니다. 연예인이라고 해서 단번에 몇십억 원의 현금으로 꼬마빌딩을 사는 것은 불가능한 일이죠.

연예인들은 보통 개인 명의보다는 법인을 설립해서 법인 명의로 꼬마빌딩을 구입하고, 대출을 받는데요. 대출을 많기 받기 위해서는 개인 또는 개인사업자 명의보다는 법인 명의가 유리하기 때문이죠. 앞에서 계속 말씀드렸다시피, 개인으로 대출을 받으면 DSR 충족이 의무입니다. 아무리 소득이 많은 연예인이라고 하더라도 수십억 원

대출을 받으면서 DSR을 충족하기는 쉽지 않습니다. 특히나 꼬마빌딩은 비주택이라 주택에 비해 DSR 계산도 불리합니다(대출총액/8년). 또한, 개인사업자(임대사업자)는 DSR은 보지 않지만, RTI를 만족해야 하기 때문에 개인사업자보다 법인이 훨씬 유리합니다.

서울 강남지역의 꼬마빌딩은 시세에 비해서 월세 수익률이 높지 않습니다. 원래 꼬마빌딩은 수익형 부동산이지만, 강남지역의 꼬마빌딩은 예전부터 시세차익형 부동산으로 통했습니다. 그 이유는 서울지역의 지가 상승률이 워낙 높기 때문입니다. 그래서 강남 꼬마빌딩이라고 하더라도 RTI를 만족한다는 것은 거의 불가능합니다. 다행히 법인으로 진행하면 RTI 규제를 적용하지 않아도 됩니다.

법인으로 대출을 받으면 매매가의 최대 80%까지 대출을 받을 수 있습니다. 그런데 간혹 매매가의 90%까지 대출을 받았다는 이야기도 들립니다. 어떤 경우일까요? 드물게 은행에서 매매가보다 시세를 더 인정해주는 경우가 있습니다. 흔한 경우는 아닙니다. 보통은 감정평가금액(은행에서 매기는 가격)이 매매가를 넘지 못합니다. 잘 쳐줘야 매매가 수준입니다. 하지만 가끔 시세보다 눈에 띄게 저렴하게 사거나, 매매 이후에 자금을 많이 들여 인테리어를 한 경우가 있습니다. 이런 경우에는 예외적으로 매매가보다 감정가가 더 많이 산출되기도 합니다. 90% 대출받았다는 말이 나오는 것은 바로 이런 특수한 상황 때문입니다.

꼬마빌딩이 아무리 대출이 많이 나오더라도, 대출을 무리하게 많이 받는 것은 주의하셔야 합니다. 여태 가격이 너무 많이 올라서 지금은 예전처럼 가격 상승이 높지 않습니다. 또한, 금리가 올라가면서 수익률이 마이너스인 곳이 많습니다.

월세를 받아서 대출이자도 못 내는 것이죠. 결국 이자를 내기 위해 추가로 돈을 투입해야 합니다. 실제로 꼬마빌딩을 소유하고 계신 분들 중에 대출이자를 감당하기 위해 대출을 신청하시는 분도 계십니다. 대출이자를 내기 위해 대출을 받는다는 것이 이해가 안 되시겠지만, 현실입니다. 건물주에 대한 막연한 동경이 깨지시나요? 레버리지는 잘 쓰면 약이지만, 못 쓰면 독이 됩니다. 특히 무리한 대출은 문제의 근원이라는 것을 꼭 기억해야겠습니다.

신용관리

44
대출이 많으면
신용점수가 낮아지나요?

"대출을 받으면 신용점수가 낮아진다", "2금융권에서 대출을 받으면 신용등급이 떨어진다" 등 대출과 신용등급에 대해서는 예전부터 갑론을박이 많았습니다. 예전에는 신용등급이라는 표현을 사용했지만, 신용으로 등급을 매긴다는 것이 어감이 좋지 않아서 신용점수제로 바뀌었습니다. 지금도 혼용해서 사용합니다. 신용점수는 대표적으로 2개의 신용평가기관에서 점수를 매깁니다.

나이스신용정보와 올크레딧(KCB) 회사가 우리나라 양대 산맥인데요. 은행에서는 보통 두 회사의 신용점수를 모두 활용합니다. 예전에는 대출상담을 하러 오신 고객님들의 정확한 정보 확인을 위해 신용정보를 확인하려고 할 때면 "신용조회하면 신용등급이 떨어지는 것 아니냐?"라는 질문을 많이 받았는데, 이는 사실이 아닙니다.

신용조회를 아무리 많이 하더라도 신용점수에는 영향이 없는 것이죠. 예전에는 실제로 단기간에 신용조회를 많이 하면 신용점수가 떨어지긴 했습니다. 하지만 신용을 조회했다는 이유로 신용점수가 떨어지는 것은 불합리하다는 의견 때문에 바뀌었죠. 그래서 지금은 신용정보를 조회하는 것이 신용점수에 영향을 미치지 않습니다.

'2금융권에서 대출을 받으면 신용점수가 떨어진다'라는 말은 반은 맞고, 반은 틀린 말입니다. 대출을 받으면 1금융권이든, 2금융권이든 상관없이 단기적으로는 신용점수가 떨어집니다. 2금융권이라고 신용점수가 떨어지는 것만은 아닙니다. 떨어진 신용점수는 대출을 연체하지 않고 잘 갚으면, 오히려 나중에는 기존 점수보다 더 올라가기도 합니다. 이는 신용점수를 측정할 때, 기존 금융 거래 정보를 기반으로 하기 때문입니다. 만약 여러분이 대출을 한 번도 받은 적이 없고 신용카드 사용도 하지 않는다면, 기본적으로 4~6등급 정도일 것입니다. 흔히 대출이 없으면 1등급이겠지 생각하시지만 그렇지 않습니다. 금융거래 정보가 없다면 중간 등급인 것이죠. 금융거래를 꾸준히 해나가야만 신용도가 올라가는 것입니다.

하지만 대출을 받기만 해도 신용등급이 떨어지는 대출도 있습니다. 바로, 신용카드 카드론(현금서비스 포함)입니다. 여러분, 신용카드 많이 사용하시죠? 신용카드가 간편하고, 혜택도 많아서 많이들 사용하시는데요. 사실 신용카드는 없는 돈을 끌어 쓰는 개념이기 때문에 지출 습관에는 좋지 않습니다.

특히, 신용카드 할부를 사용하다 보면 매월 할부금이 눈덩이처럼 불어나서 결국 카드값을 못 내는 상황이 생길 수도 있습니다. 카드값을 다 못 내면 카드 결제금의 10%만 납부하고, 나머지 금액은 할부로 넘어가는 리볼빙 서비스를 이용할 수도 있습니다. 하지만 리볼빙은 이자율도 높을뿐더러, 신용점수에도 안 좋은 영향을 미치기 때문에 저는 추천하지 않습니다.

또한, 신용카드 카드론(현금서비스)도 많이 이용하시는데요. 은행 대출과는 다르게 간편하게 받을 수 있기 때문에 많은 사람들이 무심코 카드론을 사용합니다. 편리하다고 해서 카드론을 많이 이용하면 좋지 않습니다. 카드론은 이자율도 높고, 신용도에 안 좋은 영향을 미치기 때문입니다.

급하게 돈이 필요하시다면 은행대출부터 알아보셔야 합니다. 하지만 상황에 따라 대부업체에서 대출을 받기도 하는데요. 대부업이라고 하면 불법대출 아닌가 생각하실 수도 있겠지만, 대부업은 엄연히 합법입니다. 우리 머릿속에 드라마나 영화에 나오는 대부업의 불법 추심행위가 대부업의 이미지로 각인되었기 때문에 불법이라고 생각을 하시는 것이죠. 불법인지, 아닌지 알아볼 수 있는 방법이 있습니다. 바로 금융위원회에 등록된 업체인지 확인해보면 되는데요. 합법적인 대부업체라고 해서 대부업체에서 대출을 받는 것은 추천하지 않습니다. 금리도 제도권 금융보다 훨씬 높고, 신용점수도 많이 내려가기 때문이죠. 하지만 어쩔 수 없이 대부업체로부터 대출을 받아야 하는 상황이라면, 합법적으로 운영하는 업체인지 확인하고 받으시라는 의미에서 소개해드렸습니다.

앞에서는 신용카드의 단점에 대해 말씀드렸지만, 신용카드도 잘 사용하면 오히려 신용점수에 좋은 영향을 미칩니다. 신용카드를 오랫동안 연체 없이 사용한다면 신용점수가 올라가는데요. 이것은 저도 겪었던 일인데요. 평소 신용카드를 오랫동안 사용하다가 돈을 너무 많이 쓰는 것 같아서 신용카드를 해지했습니다. 그런데 신용카드를 해지하니까 제 신용점수가 갑자기 떨어지더라고요. 신용카드를 오랫동안 사용했던 것이 제 신용점수를 높여주고 있었던 것이죠. 신용점수는 떨어지지 않고, 신용카드를 없앨 수 있는 방법은 없을까요? 저는 실물 카드만 잘라버린다든지, 해지가 아닌 이용정지를 해놓으시는 것을 추천해드립니다. 신용카드 연회비가 발생한다는 단점은 있지만, 신용점수에는 영향이 없을 것입니다.

45
대출을 받은 후에 시세가 떨어지면 은행에서 대출을 갚으라고 하나요?

처음에 집을 살 때는 저도 고민이 많았습니다. 집을 사고 나서 가격이 내려가면 어쩌지, 대출이자율이 올라가면 어쩌지, 하물며 나중에 이사하게 되면 어쩌지 등 굳이 하지 않아도 될 고민거리가 꼬리에 꼬리를 물었습니다. 하지만 막상 집을 사보니 제가 한 고민이 대부분 쓸모없는 걱정이라는 것을 알게 되었습니다.

주변에 보면 과거의 저처럼 집값이 내려가는 것을 걱정해서 주택구입을 망설이는 분들이 있습니다. 특히, 자기자본이 부족한 사회초년생, 신혼부부들이 이런 고민을 많이 하시는 것 같은데요. 대출을 70~80%까지 받아야 하는데, 갑자기 부동산 가격이 내려가면 순자산이 없어질 수도 있으니까요. 또한, 가격이 내려가면 은행에서 갑자기 대출금을 갚으라고 하는 것은 아닌가 걱정하시는데요. 저도 금융권에서 일하지 않았다면, 여러분들과 같은 고민에 내 집 마련을 미뤘을지도 모르겠습니다.

결론부터 말씀드리면 은행에서 시세가 떨어졌다고 대출을 상환하라고 하는 경우는 거의 없습니다. 은행은 대출 기간 동안에 시세가 떨어졌다고 대출금 상환을 요청하지 않기 때문인데요. 주택 구입자금대출은 대부분 만기가 30년에서 최대 50년까지로 장기상품입니다. 긴 시간 동안 분할상환으로 대출원금은 계속 줄어듭니다. 은행은 이 사실을 잘 알고 있습니다. 그래서 단기간에 시세가 하락하더라도 크게 신경 쓰지 않습니다. 단, 한 가지 조건이 있는데요. 이자를 제때 잘 납부해야 하고, 연체하지 않아야 한다는 것입니다.

이자를 미납해 대출 연체가 되면 앞에서 배웠던 기한의 이익을 상실하게 됩니다. 즉, 대출기간 동안 대출금을 사용할 수 있는 권리를 잃게 되는 것이죠. 대표적인 기한 이익 상실 사유가 대출금 연체, 담보에 대한 권리침해인데요. 담보에 대한 권리침해는 쉽게 말해서 내 집에 압류, 가압류, 경매 같은 것이 생기는 것을 말합니다. 한번 기한의 이익을 상실하면 원상태로 돌리기 위해 기한의 이익 부활을 시켜야 합니다. 부활시키기 위해서는 시세, 신용도 등을 재심사합니다. 결국, 주택의 시세가 떨어졌다면 기한의 이익 부활이 안 되거나, 일부 대출금을 상환해야 할 수도 있습니다.

지금은 주택대출을 받을 때 분할상환하는 것을 당연하게 생각하지만, 불과 몇 년 전만 해도 분할상환은 일반적이지 않았습니다. 이자만 납부하고 만기에 대출금을 일시에 상환하는 일시 상환형식이 일반적인 형태였습니다. 3년 대출만기, 5년 대출만기, 이렇게 대출기간이 단기였습니다. 물론, 만기가 되면 대부분 연장이 가능했기 때문에, 대출기간이 단기라고 하더라도 불편함은 없었습니다.

하지만 연장 시점에 시세가 떨어지면 대출금을 일부 상환하거나, 연장이 어려운 경우도 있었습니다. 2013년에 저는 대출연장 담당 자였습니다. 2013년은 서울, 수도권 집값은 하락세였습니다. 지역마다 차이는 있었지만, 수도권 외곽의 대형 평수는 고점 대비 약 40%가 빠진 상태로 회복이 안 되었죠.

그 당시 경기도 김포시에 아파트를 가지고 계신 고객님이 연장을 하기 위해 찾아오셨습니다. 주택가격이 많이 내려가서 시세가 대출금액 정도까지 떨어졌는데요. 원칙대로라면 대출금을 일부 상환해야 했습니다. 하지만 고객님이 연세도 많으시고, 소득도 변변치 않으셔서 대출금 상환 없이 연장해드렸습니다.

지금은 주택대출이 모두 장기분할상환이니 중간에 시세가 떨어졌다고 대출금을 상환해야 한다는 걱정은 안 하셔도 되겠습니다. 어쩌면 여러분이 진짜 걱정해야 할 것은 내 집 마련을 못하는 것입니다. 서두에도 말씀드렸지만 자본주의 사회는 인플레이션이 발생하고, 부동산 가격은 우상향합니다. 과거에도 그랬고, 현재도 마찬가지이며, 미래에도 그렇겠죠. 자본주의가 없어지지 않는 한 말이에요.

46

남편이 사망했습니다. 대출이 있는데, 어떻게 해야 하나요?

사람은 필연적으로 언젠가는 죽음을 맞이합니다. 천하를 호령했던 진시황제(秦始皇帝)나 칭기즈칸(Chingiz Khan)도 결국 죽음을 피하지는 못했습니다. 은행에는 워낙 많은 고객님이 계시기 때문에 사망 소식도 자주 접하게 되는데요. 예금은 비교적 상속 절차가 간단합니다. 상속인들이 대표상속인을 지정해서 예금을 해지하면 되니까요. 하지만 대출의 경우에는 복잡합니다.

세금까지 포함해 채무가 재산보다 크다면 일반적인 상속이 아닌 상속 포기, 한정 상속 등의 방법을 취해야 합니다. 잘못하다가는 빚을 상속받을 수도 있는데요. 이번 장에서는 사망 시에 은행에서 어떤 절차를 거쳐야 하는지 알아보겠습니다.

먼저, 채무자가 사망하면 상속인은 사망신고를 해야 합니다. 사망 신고를 해야 상속인이 피상속인의 재산조회를 할 수 있죠. 재산조회를 하면 채무자 소유의 주식, 보험, 부동산, 세금 등 모든 재산 내역이 조회가 가능합니다. 또한, 예금 계좌는 동결되기 때문에 금융 거래가 중지됩니다. 만약, 대출이 있다면 은행에 연락해서 사망 사실을 알리는 것이 좋은데요. 이미 채무자의 계좌는 사용이 불가하기 때문에, 가상 계좌 등 다른 방법으로 이자를 납입해야 하기 때문입니다. 채무자가 사망하더라도 이자 납부를 하지 않으면 연체 이자가 발생할 수 있습니다.

만약 망자가 생전에 부동산을 소유하고 있었고, 대출이 있었다면 상속처리와 더불어 채무인수처리도 해야 합니다. 명의가 바뀌었으니 채무자도 변경해주어야 하는 것이죠. 은행에서는 이 절차를 '상속으로 인한 채무인수'라고 합니다.

소유자가 바뀌면 부동산 등기사항증명서에 표시되듯이, 채무자가 변경되는 것도 공시됩니다. 소유자 변경사항은 부동산 등기사항증명서 갑구에 표시되고, 채무자 변경사항은 을구에 표시된다는 것이 차이입니다. 상속처리를 먼저 하신 후 채무인수처리를 해도 되고, 상속처리와 채무인수를 동시에 하실 수도 있습니다. 어떻게 하든 크게 상관은 없습니다.

하지만 가끔 은행에서 채무인수를 안 해주기도 하는데요. 은행에서는 채무인수도 신규대출과 동일하게 보기 때문에 별도의 심사 절차를 거치기 때문이죠. 그래서 신용이 안 좋거나, 소득이 없으면 채무자 변경이 안 될 수도 있는 것이죠.

하지만 상속과 같이 불가피하게 채무자를 변경해야 할 때는 대출 규제를 완화해줍니다. DSR도 제외되고, 기타 규정도 완화 적용할 수 있습니다. 상속은 예외적인 사항이니까요.

상속인 중에 미성년 자녀가 있는 경우가 있는데요. 한번은 상속처리를 하러 손님이 오셨는데, 미성년 자녀와 함께 오셨더라고요. 아버지가 젊은 나이에 갑작스러운 사고로 돌아가셔서 배우자와 어린 아이만 남겨진 것이더라고요. 이렇게 상속인에 미성년자가 포함되어 있을 때는 조금 더 복잡합니다. 보통의 경우에는 미성년자의 친권자인 부모가 법정대리인으로서 역할을 하지만, 상속에서는 별도의 절차가 필요한데요. 바로 이해상반행위에 의한 특별대리인 선임입니다.

너무 어려운 말이 나와서 당황스러우시죠? 차근차근 설명해드리겠습니다. 먼저 용어부터 정리해보겠습니다. 이해상반행위란 친권자와 자녀 사이에 이해가 대립되는 경우를 말합니다. 예를 들어, 미성년자 자녀의 재산을 담보로 친권자가 대출을 받는 경우죠. 이럴 때는 법적으로 특별히 더 보호해야 한다고 정하고, 가정법원에서 특별대리인을 선임해서 미성년 자녀를 대리하게끔 한 것이죠. 이러한 경우에는 신규로 대출을 더 받는 것도 아니고 기존의 대출만 인수하는 것이지만, 채무인수도 신규대출에 준해서 진행되기 때문에 미성년 자녀의 특별대리인 선임이 필요한 것입니다.

이렇게 상속처리를 하다 보면 시간이 걸릴 수밖에 없습니다. 그동안 이자가 납부가 안 되어서 연체되어 연체이자가 나오거나, 법적조치에 들어가면 큰일인데요. 이럴 때는 은행에 연락해서 가상계좌를 받아서 이자를 납부하거나, 창구에 가서 이자 수납을 하는 방법이 있습니다. 또한, 미처 이자 납부 처리를 하지 못했더라도 상속으로 인해 연체된 경우에는 연체이자 일부를 감면해주는 시스템이 있을 수도 있으니 은행에 이런 제도가 있는지 확인해보시기 바랍니다.

47

대출이자가 계속 불어나서
갚기가 버겁습니다.
어떻게 해야 할까요?

"기준금리가 올라가면서 대출금리가 2배가 되었습니다." "3.5%였던 금리가 7%가 되었어요." 최근에 금리가 너무 올라서 걱정이라는 말을 많이 듣습니다. 조금 과장 보태서 은행에 오는 전화 절반 이상이 금리가 너무 올랐다는 문의인데요. 기준금리가 올라가서 대출금리도 따라 올라간 것이라고 말씀드려도 도통 받아들이지를 않으시죠.

반면에 이렇게 금리가 많이 올랐어도, 어떤 분들은 아직도 2%대 금리를 사용하고 있습니다. 한국은행 기준금리가 3.5%(2023년 10월 기준)인데, 대출금리는 2%대라는 것이 이해가 안 되실 텐데요. 한쪽에서는 대출금리가 고금리이고, 한쪽에서는 대출금리가 저금리인 상황에 대해서 지금부터 설명해드리도록 하겠습니다.

우선 대출금리는 크게 기준금리와 가산금리로 구성되어 있습니다. 기준금리라고 해서 한국은행 기준금리를 뜻하는 것은 아니고요. 대출에서의 기준금리를 말합니다. 대출기준금리는 코픽스금리, CD금리, 금융채금리 등 여러가지가 있습니다. 이 중에서도 특히 코픽스금리를 많이 사용하는데요.

여러분께서 여러가지 기준금리에 대해 하나하나 세세하게 아실 필요는 없습니다. 대부분 기준금리는 은행에서 정하기 때문입니다. 원칙대로라면 채무자와 은행과 협의해서 기준금리를 정하는 것이 맞습니다. 하지만 현장에서는 대부분 은행에서 기준금리를 정하고, 채무자는 그대로 따르는 경우가 많습니다.

대부분 이러한 기준금리들은 한국은행 기준금리 변화에 따라서 같은 방향으로 변동합니다. 한국은행 기준금리가 오르면 대출기준금리도 올라가고, 한국은행 기준금리가 내려가면 대출기준금리도 내려가는 것입니다.

하지만 가끔 예외가 발생합니다. 예를 들면, 한국은행 기준금리는 올랐는데, 대출기준금리는 내려가는 경우입니다. 이것은 한국은행 기준금리는 올랐더라도, 은행의 정기예금 이자율이 내려갔기 때문입니다. 실제로 은행의 대출금리는 한국은행 기준금리보다 은행 예금금리에 더 영향을 많이 받습니다. 은행의 주요 수익은 예대 마진이기 때문인데요.

은행은 손님으로부터 예금을 받고, 그 예금을 대출고객에게 빌려줍니다. 물론, 예금이자율보다 대출이자율이 높기 때문에 이익이 발생하는 것이죠. 이런 경우에는 대출기준금리인 코픽스금리와 한국은행 기준금리의 변화가 일치하지 않는 것이죠.

　그럼 앞에서 말씀드린 것처럼 금리가 올라가더라도 2%대 금리를 쓰는 사례는 어떤 경우일까요? 이것은 최초에 고정금리(혼합금리 포함)로 대출을 받았기 때문입니다.

　고정금리란, 전체 대출기간 동안 대출금리가 고정되어 있는 것을 말합니다. 하지만 아파트 대출처럼 대출기간이 30년 이상인 것은 고정금리 상품이 드뭅니다. 특례보금자리론이나 디딤돌대출 같은 정책자금대출을 제외하고는요. 그래서 보통 아파트대출은 혼합금리가 인기입니다. 혼합금리란, 처음 5년 동안은 고정금리이고, 나머지 기간은 변동금리를 쓰는 형태입니다.

　앞에서 말씀드렸던 2%대 대출금리를 사용 중인 케이스는 혼합금리로 대출을 받은 경우입니다. 저 또한 2019년에 주택 구입 시에 혼합금리로 대출을 받아서 금리 2%대로 쓰고 있습니다. 다만, 이제 2024년이 되면 고정금리가 끝납니다. 이제 변동금리로 바뀌니 금리가 많이 올라가겠죠. 사실 지금같이 금리가 올라갈 때는 고정금리가 좋아 보이지만, 금리가 내려갈 때는 고정금리가 불리합니다. 그래서 변동금리, 고정금리 중에 정답은 없습니다. 그저 경기 변동에 따라서 변동·고정·혼합금리 중에 선택하는 것이 좋은 것이죠.

지금처럼 금리가 많이 올랐을 때 금리인하요구권을 사용할 수 있습니다. 금리인하요구권이란, 대출을 받은 후에 신용 상태나 상환 능력이 대출 당시보다 개선되는 경우, 대출금리 인하를 요구할 수 있는 권리인데요. 최근 금리인하요구권이 법제화되었습니다. 이제 금융회사는 소비자에게 금리인하요구권을 의무적으로 안내하고, 금리인하 대상인 경우에는 금리를 내려줘야 합니다. 하지만 모두 해당이 되는 것은 아닙니다. 신용 상태 또는 상환 능력이 개선된 경우에 한해서 적용됩니다. 또 한 가지 방법은 저리의 대환대출을 받아서 기존의 대출금을 상환하는 것입니다.

대환대출에 대해 말씀드리면 기존대출의 중도상환수수료 때문에 망설이십니다. 무조건 중도상환수수료가 나온다고 생각하기 때문인데요. 가령 대출기간이 30년이면 30년 동안 중도상환수수료가 나온다고 알고 계신 것이죠. 하지만 중도상환수수료는 대부분 3년까지만 부과됩니다. 3년 이내에 상환하더라도 시간이 지날수록 수수료는 줄어듭니다. 그래서 중도상환수수료가 일부 발생하더라도 대출이자가 저렴한 곳으로 옮기는 것이 더 유리합니다.

정리하자면, 대출금리가 너무 부담이 된다면 우선 금리인하요구권을 사용해보세요. 금리 인하가 거절되었다면, 저금리의 타행대출을 알아보시기 바랍니다. 굳이 비싼 금리를 사용하면서 고통받을 이유는 없으니까요.

48

신용이 안 좋고, 소득도 적은데 대출을 받을 수 있나요?

"저는 소득도 높지 않고, 신용도 좋지 않습니다. 저 같은 사람도 대출을 받을 수 있나요?"

대출상담을 할 때면 고소득, 고신용자와 같이 우량한 고객님들도 계시지만, 소득이 적고, 신용도도 낮은 고객님들도 많습니다. 사실 신용대출을 찾으시는 분들은 후자가 많습니다.

신용대출을 받는 풍경은 많이 바뀌었습니다. 예전처럼 은행 창구에 방문해서 대출을 받는 것이 아니라, 스마트폰 하나면 심사부터 대출금 지급까지 다 되기 때문이죠. 가끔은 우스운 상황이 연출되기도 하는데요. 신용대출 상담 때문에 은행에 방문했는데, 은행직원이 온라인으로 대출을 신청하라고 합니다. 스마트폰으로 대출을 신청하는 방법을 알려주는 것이죠. 앞으로는 신용대출뿐만 아니라 많은 대출이 이렇게 비대면, 온라인으로 가능하게끔 바뀔 것입니다.

하지만 이런 비대면대출은 소득이 많고, 신용이 우량한 사람들에게 유리합니다. 알고리즘 시스템으로 대출심사를 하기 때문에 저소득, 저신용자는 대출을 받을 수 없습니다. 주거래 은행으로 급여 계좌를 쓰고, 공과금 자동이체 거래를 오래 했다고 하더라도 대출에는 큰 영향이 없습니다. 은행원이 심사할 때는 이런 것들도 감안해서 대출해줬다면, 알고리즘은 칼같이 업무를 처리합니다.

결국 저소득, 저신용자같은 경우에는 은행에서 대출을 받기 힘들기 때문에 카드론(현금서비스), 대부업대출의 유혹에 빠지기 쉽습니다. 앞에서 말씀드렸지만 이런 류의 대출은 여러분의 신용도에 안 좋은 영향을 미칩니다. 저는 정말 피치 못한 사정이 있는 것이 아니라면 추천해드리지 않습니다.

대신에 저는 저소득, 저신용자 특화대출인 햇살론대출을 추천해드립니다. 햇살론은 정부에서 제도권 금융 접근이 어려운 저소득·저신용 근로자에게 금융접근성을 제고하고, 금리 부담을 완화할 수 있도록 지원하는 서민금융대출상품입니다. 근로자, 사업자 모두 가능한데요. 다만, 근로자는 서민금융진흥원에서, 사업자는 지역 신용보증재단에서 보증서를 발급합니다.

웬 보증서냐고요? 햇살론 상품은 보증기관에서 보증서를 발급해주고, 은행에서는 보증서를 담보로 대출을 취급하기 때문인데요. 처음에 말씀드렸다시피 은행 자체 신용대출은 저신용, 저소득자가 대출 심사를 통과하기 어렵습니다. 아무래도 신용이 안 좋거나, 소득이 낮으면 대출이 부실화가 될 가능성이 크기 때문입니다. 이런 부분을 보완하고자 정부에서는 공공기관인 서민금융진흥원, 신용보증재단을 통해서 대출을 지원하는 것입니다.

은행 입장에서 채무자가 대출을 갚지 못하더라도, 햇살론대출은 비교적 안전합니다. 왜냐하면 은행에서는 보증기관인 서민금융진흥원, 신용보증재단에 대출금 상환을 요청하면 되기 때문이죠.

햇살론은 취급하는 기관이 따로 있습니다. 상호금융기관(농협, 산림 조합, 새마을금고, 수협, 신협)과 저축은행인데요. 1금융권 은행에서는 햇살론 상품은 취급하고 있지 않으니 참고하시기 바랍니다.

햇살론 근로자 상품

근로자햇살론		근로자햇살론 취급지점
근로자햇살론은 제도권금융 접근이 어려운 저소득·저신용 근로자에 대한 보증부대출을 통해 금융접근성을 제고하고, 금리 부담을 완화할 수 있도록 지원하는 상품		
※ 햇살론은 복권기금과 금융기관의 재원으로 운영됩니다.		
대출기간 3년 또는 5년		**대출한도** 최대 2,000만원('22.2.25~'23.12.31일 한시적 증액) * 대출가능금액은 동 한도 내에서 개인별 신용도 등에 따라 상이
대출자격 1. 연소득 3,500만원 이하 2. 개인신용평점이 하위 100분의 20*에 해당하면서 연소득 4,500만원 이하		**대출금리** 11.5% 이하

출처 : 서민금융진흥원

49

신용회복, 개인회생, 파산은 어떤 차이점이 있나요?

"빚이 감당이 안 될 정도로 불어났습니다. 은행에서 매일 빚 독촉 전화가 옵니다. 좋은 방법이 없을까요?"

앞에서 대출이자가 버거울 때 할 수 있는 여러 가지 방법을 소개해드렸습니다. 하지만 정말 빚이 불어나서 이자를 납부하지 못하고, 빚 때문에 생활이 불가능하다면 다른 조처를 해야 합니다. 바로 채무조정인데요.

채무조정은 크게 사적채무조정과 공적채무조정이 있습니다. 사적 채무조정은 신용회복위원회에서, 공적채무조정은 법원에서 관할합니다. 두 곳의 가장 큰 차이는 사적채무(사채) 포함 여부인데요. 신용 회복위원회는 사적채무(사채)가 포함되지 않기 때문에, 채무조정을 신청한다고 해서 사적채무(사채)까지 포함되지 않습니다. 그렇기 때문에 사적채무(사채)까지 포함해 채무조정을 신청하고 싶다면, 공적 채무조정인 개인회생이나 파산을 신청해야 하는 것이죠.

먼저, 신용회복위원회의 채무조정에 대해서 설명해드리겠습니다. 신용회복위원회의 개인채무조정은 채무자가 부담하는 채무의 상환 조건을 상환기간 연장, 분할상환, 이자율 조정, 상환 유예, 채무 감면 등의 방법으로 변경하는 것을 말합니다. 쉽게 말씀드리면 현재 채무자의 소득 수준에 맞게끔 대출금 상환금액을 조정하는 것이죠. 상환기간을 길게 하고, 분할상환으로 변경해 채무자의 부담을 줄여줍니다. 때에 따라서는 상환을 일부 유예하기도 하고, 채무를 일부 감면해주기도 합니다.

신용회복위원회의 사적채무조정은 총 3가지가 있는데요. 연체 일수에 따라 신청할 수 있는 채무조정의 종류가 달라집니다. 먼저, 연체 일수가 1~30일은 신속 채무조정, 31~89일은 사전 채무조정, 90일 초과는 채무조정으로 구분할 수 있습니다.

또한, 총채무액 15억 원 이하로만 채무조정 신청이 가능합니다. 담보채무는 10억 원 이하, 무담보 채무는 5억 원 이하가 대상인데요. 만약 이 중에 채무 금액이 초과한다면, 신용회복위원회의 채무조정은 신청이 불가합니다.

그럼 대부업대출은 신용회복위원회의 채무조정이 가능할까요? 대부업대출도 채무조정이 가능합니다. 다만, 합법적으로 받은 대부업에 한해서인데요. 그럼 대부업체가 합법인지, 불법인지 어떻게 알 수 있을까요? 바로 신용회복위원회에 등록되어 있는 대부업체인지 보

협약가입 금융회사 조회

출처 : 신용회복위원회

시면 되는데요.

신용회복위원회에 들어가셔서 여러분께서 받은 대출의 대부업체를 조회해보신 후, 조회가 된다면 신용회복위원회에 협약이 된 대부업체입니다.

이번에는 법원의 공적채무조정에 대해서 설명해드리겠습니다. 사적 채무조정이 상환기간 연장, 분할상환 등을 통해 채무자가 정상적으로 채무를 상환하게끔 하는 것과 비교해, 법원의 공적채무조정은 빚을 갚기 어려운 사람들에게 최소한의 빚만 갚을 수 있도록 해주는 구제제도입니다. 또한, 공적채무조정은 대표적으로 개인회생과 파산이 있는데요. 두 종류의 채무조정도 성격이 다르니 하나씩 설명해

257

드리도록 하겠습니다.

개인회생은 채무자가 소득이 있어야 가능합니다. 최대 5년에 걸쳐서 대출금을 분할상환으로 상환하는데요. 신용회복위원회의 채무조정과 같이 분할상환으로 상환하는 것은 동일하지만, 신용회복과 비교해 채무 감면 비율이 훨씬 높습니다. 최대 5년까지만 상환하면 되기 때문에 기간의 부담도 적은 편이죠.

마지막으로 파산입니다. 파산이라는 말은 많이 들어보셨죠? 더 이상의 회생이 불가능할 때 최후의 수단이 바로 파산입니다. 채무자가 소득이 없거나 있어도 최저생계비 이하인 경우, 재산이 없거나 재산에 비해 부채가 현저히 많은 경우에 파산 신청이 가능한데요.

법원에서는 더 이상 빚을 갚을 수 있는 능력이 없는 사람이니 현재 있는 모든 자산과 부채를 파악하고, 자산을 처분해 부채를 안분해 변제한 후 종결하는 것이죠.

간혹 뉴스에서 빚을 감당하지 못해서 극단적인 선택을 했다는 기사를 보곤 합니다. 저는 그런 소식을 들을 때마다 굉장히 마음이 아픕니다. 대부분 사채업자의 불법 추심 때문에 힘들어서 극단적인 선택을 하곤 하는데요. 혹시 여러분께서 이런 일을 겪으신다면 채무조정을 적극적으로 활용하시기 바랍니다.

부동산 부자가 되는 대출의 비밀

제1판 1쇄 2024년 2월 15일
제1판 4쇄 2024년 3월 22일

지은이 이훈규
펴낸이 허연 **펴낸곳** 매경출판㈜
기획제작 ㈜두드림미디어
책임편집 최윤경, 배성분 **디자인** 디자인 뜰채 apexmino@hanmail.net
마케팅 김성현, 한동우, 구민지

매경출판㈜
등 록 2003년 4월 24일(No. 2-3759)
주 소 (04557) 서울시 중구 충무로 2(필동 1가) 매일경제 별관 2층 매경출판㈜
홈페이지 www.mkbook.co.kr
전 화 02)333-3577
이메일 dodreamedia@naver.com(원고 투고 및 출판 관련 문의)
인쇄제본 ㈜M-print 031)8071-0961
ISBN 979-11-6484-640-5 (03320)